MARCO POLO
MALTA

Reisen mit Insider-Tips

*Diese Tips sind die ganz speziellen
Empfehlungen unserer Autoren.
Sie sind im Text gelb unterlegt.*

*Fünf Symbole sollen Ihnen
die Orientierung in diesem Führer erleichtern:*

für Marco Polo Tips – die besten in jeder Kategorie

für alle Objekte, bei denen Sie auch eine schöne Aussicht haben

für Plätze, wo Sie bestimmt viele Einheimische treffen

für Treffpunkte für junge Leute

(108/A 1)
Seitenzahlen und Koordinaten für den Reiseatlas Malta
(U/A 1) *Koordinaten für den Stadtplan Valletta im hinteren Umschlag*
(O) *außerhalb des Stadtplans*

*Diesen Führer schrieb F
Veröffentlichungen als ein p
Mittelmee*

*Die Marco Polo R
von Ferdinand ...*

Die aktuellsten Insider-Tips finden Sie im Internet unter http://www.marco-polo.de

MAIRS GEOGRAPHISCHER VERLAG

MARCO ✥ POLO

Für Ihre nächste Reise gibt es folgende Titel dieser Reihe:

Ägypten • Alaska • Algarve • Allgäu • Amrum/Föhr • Amsterdam • Andalusien • Antarktis • Argentinien/Buenos Aires • Athen • Australien • Azoren • Bahamas • Bali/Lombok • Baltikum • Bangkok • Barbados • Barcelona • Bayerischer Wald • Berlin • Berner Oberland • Bodensee • Bornholm • Brasilien/Rio • Bretagne • Brüssel • Budapest • Bulgarien • Burgenland • Burgund • Capri • Chalkidiki • Chiemgau/Berchtesgaden • China • Costa Blanca • Costa Brava • Costa del Sol/Granada • Costa Rica • Côte d'Azur • Dalmatinische Küste • Dänemark • Disneyland Paris • Dolomiten • Dominikanische Republik • Dresden • Dubai/Emirate/Oman • Düsseldorf • Ecuador/Galapagos • Eifel • Elba • Elsaß • England • Erzgebirge/Vogtland • Feuerland/Patagonien • Finnland • Flandern • Florenz • Florida • Franken • Frankfurt • Frankreich • Französische Atlantikküste • Fuerteventura • Galicien/Nordwest-Spanien • Gardasee • Golf von Neapel • Gran Canaria • Griechenland • Griechische Inseln/Ägäis • Hamburg • Harz • Hawaii • Heidelberg • Holland • Holländische Küste • Hongkong • Ibiza/Formentera • Indien • Ionische Inseln • Irland • Ischia • Island • Israel • Istanbul • Istrien • Italien • Italien Nord • Italien Süd • Ital. Adria • Ital. Riviera • Jamaika • Japan • Java/Sumatra • Jemen • Jerusalem • Jordanien • Kalifornien • Kanada • Kanada Ost • Kanada West • Kanalinseln • Karibik I • Karibik II • Kärnten • Kenia • Köln • Königsberg/Ostpreußen Nord • Kopenhagen • Korsika • Kos • Kreta • Krim/Schwarzmeerküste • Kuba • Languedoc-Roussillon • Lanzarote • La Palma • Leipzig • Libanon • Lissabon • Lofoten • Loire-Tal • London • Lüneburger Heide • Luxemburg • Macau • Madagaskar • Madeira • Madrid • Mailand/Lombardei • Malaysia • Malediven • Mallorca • Malta • Mark Brandenburg • Marokko • Masurische Seen • Mauritius • Mecklenburger Seenplatte • Menorca • Mexiko • Mosel • Moskau • München • Namibia • Nepal • Neuseeland • New York • Nordseeküste: Schleswig-Holstein • Normandie • Norwegen • Oberbayern • Oberitalienische Seen • Oberschwaben • Österreich • Ostfriesische Inseln • Ostseeküste: Mecklenburg-Vorpommern • Ostseeküste: Schleswig-Holstein • Paris • Peking • Peloponnes • Pfalz • Philippinen • Piemont/Turin • Polen • Portugal • Potsdam • Prag • Provence • Rhodos • Riesengebirge • Rocky Mountains • Rom • Rügen • Rumänien • Rußland • Salzburg/Salzkammergut • Samos • San Francisco • Sardinien • Schottland • Schwarzwald • Schweden • Schweiz • Seychellen • Singapur • Sizilien • Slowakei • Spanien • Spreewald/Lausitz • Sri Lanka • Steiermark • Sankt Petersburg • Südafrika • Südamerika • Südengland • Südkorea • Südsee • Südtirol • Sylt • Syrien • Taiwan • Teneriffa • Tessin • Thailand • Thüringen • Tirol • Tokio • Toskana • Tschechien • Tunesien • Türkei • Türkische Mittelmeerküste • Umbrien • Ungarn • USA • USA: Neuengland • USA Ost • USA Südstaaten • USA Südwest • USA West • Usedom • Venedig • Venezuela • Vietnam • Wales • Die Wartburg/Eisenach und Umgebung • Weimar • Wien • Zürich • Zypern • Die besten Weine in Deutschland • Die 30 tollsten Ziele in Europa • Die tollsten Hotels in Deutschland • Die tollsten Musicals in Deutschland • Die tollsten Restaurants in Deutschland

Die Marco Polo Redaktion freut sich, wenn Sie ihr schreiben: Marco Polo Redaktion, Mairs Geographischer Verlag, Postfach 31 51, D-73751 Ostfildern

Unsere Autoren haben nach bestem Wissen recherchiert. Trotzdem schleichen sich manchmal Fehler ein, für die der Verlag keine Haftung übernehmen kann.

Titelbild: St. Julian's, Fischerhafen (Mauritius: Mollenhauer)
Fotos: Autor (8, 18); Baumli (4, 7, 59); Hackenberg (23); HB-Verlag (20); Mauritius: Bergmann (57), Fischer (34), Gierth (52, 75), Habel (72, 78), Hubatka (107), Leblond (77), Mollenhauer (22, 24, 26, 50, 55, 62, 80, 86), Nägele (12), Schmid (58), Waldkirch (36); Schapowalow: Thiele (16), Thomke (28); Schuster: Travel Library (71); Storto (60, 65); Transglobe: Mollenhauer (82), Oszvald (45, 48, 89), Waldkirch (10, 30)

7., aktualisierte Auflage 1998
© Mairs Geographischer Verlag, Ostfildern
Gestaltung: Thienhaus/Wippermann (Büro Hamburg)
Kartographie: Mairs Geographischer Verlag
Sprachführer: in Zusammenarbeit mit Ernst Klett Verlag für Wissen und Bildung GmbH,
Redaktion PONS Wörterbücher

Das Werk einschließlich aller seiner Teile ist urheberrechtlich geschützt. Jede urheberrechtsrelevante Verwertung ist ohne Zustimmung des Verlages unzulässig und strafbar. Das gilt insbesondere für Vervielfältigungen, Übersetzungen, Nachahmungen, Mikroverfilmungen und die Einspeicherung und Verarbeitung in elektronischen Systemen.

Printed in Germany
Gedruckt auf 100% chlorfreiem Papier

INHALT

Auftakt: Entdecken Sie Malta! 5
*Viele Völker und Kulturen hinterließen auf den Inseln
im Zentrum des Mittelmeers ihre Spuren*

Geschichtstabelle 6

Stichworte: Von Fauna und Flora bis Umweltschutz 13
*Die kleine Inselrepublik ist nicht nur ein Freilichtmuseum,
sondern auch ein moderner Staat mit manchen Problemen*

Essen & Trinken: Maltas Restaurants im internationalen Trend ... 21
Nur wenig regionale Küche, aber immer mehr Exotisches

Einkaufen & Souvenirs: Glas und Spitzendeckchen 25
*Viele maltesische Kunsthandwerker arbeiten
in ausgedienten Hangars*

Malta-Kalender: Jedes Dorf hat seine Festa 27
*Prozessionen, Jahrmärkte und Feuerwerk –
im Feiern sind die Malteser geübt*

Valletta und das städtische Malta: Am Puls des Lebens 31
*Zwischen den Hotels von St. Julian's und den Mauern
von Valletta leben die meisten Touristen und Malteser*

Marsascala und Maltas Südosten: Es war einmal ein Fischerdorf 53
Über Maltas Südosten weht schon ein Hauch von Afrika

Mdina und Rabat – Maltas Mitte: Geschichte im Herzen der Insel 61
*Bevor die Ordensritter kamen, lag Maltas Hauptstadt
im Zentrum des Eilands*

**St. Paul's Bay und Maltas Nordwesten:
Wo die guten Strände liegen** 73
Bauern und Badeurlauber prägen das Gesicht dieses Landstrichs

Gozo: Maltas kleine Schwesterinsel 81
Wer Ländlichkeit und Ruhe sucht, ist auf Gozo bestens aufgehoben

Routen auf Malta 90

Praktische Hinweise: Von Auskunft bis Zoll 94

Warnung: Bloß nicht! 98

Sprachführer Englisch: Sprechen und Verstehen ganz einfach ... 99

Reiseatlas Malta 107

Register 119

Was bekomme ich für mein Geld? 120

AUFTAKT

Entdecken Sie Malta!

Viele Völker und Kulturen hinterließen auf den Inseln im Zentrum des Mittelmeers ihre Spuren

Die Inselrepublik Malta ist ein europäischer Zwergstaat zwischen Sizilien und der nordafrikanischen Küste. Sie besteht aus drei bewohnten Inseln: Malta, Gozo und Comino. Alle drei zusammen sind noch um ein Drittel kleiner als das ehemalige West-Berlin. 360 000 Menschen leben hier. Sie bilden ein wahrhaft eigenständiges Völkchen. Ihre Sprache, das Maltesische, ähnelt dem Arabischen, wird aber mit lateinischen Buchstaben geschrieben. Viele Ortsnamen wie *Rabat* und *Mdina* rufen Erinnerungen an die islamischen Nachbarländer wach, doch im Herzen der Menschen ist der katholische Glaube fest verwurzelt. Auf der Landkarte wirkt Malta wie ein Sprungstein zwischen dem nur 95 km entfernten Italien und dem 290 km entfernten Maghreb. Seine strategisch bedeutsame Lage im Zentrum des Mittelmeers hat immer wieder das Begehren fremder Eroberer geweckt. Phönizier und Römer, Araber und Normannen, Kreuzritter und Briten hinterließen ihre Spuren. Besonders eindrucksvoll durch ihre weltweite Einzigartigkeit sind jedoch die sehr viel älteren Zeugnisse der Besiedlung – die steinernen Tempel aus dem Neolithikum. Ihre Erbauer gehörten einem Volk an, das vor etwa 6000 Jahren nach Malta übersetzte und sich mit der dort ansässigen Urbevölkerung vermischte.

Im Laufe von etwa 1500 Jahren trugen sie an rund 40 Stellen der Inseln gewaltige, bis zu 50 Tonnen schwere Steinblöcke zusammen. Das einzige uns bekannte Hilfsmittel, das sie dabei nutzten, waren steinerne Kugeln, auf denen sie die Kolosse rollen konnten. Aus diesen Megalithen genannten Steinen richteten sie kunstvoll gestaltete Mauern auf und schufen dunkle Innenräume, in denen ihre Priesterinnen walteten. Auf einer Vielzahl unterschiedlich geformter Altäre brachte das Volk der Großen Fruchtbarkeitsgöttin seine Opfer dar; durch geheimnisvolle Öffnungen, heute Orakellöcher genannt, sprach die Gott-

In Marsaxlokk spielen die Boote noch heute die Hauptrolle

Geschichtstabelle

5200 v. Chr.
Erste Besiedlung der Insel

4000–2500 v. Chr.
Epoche der Tempelbauer, die noch keine Metallwerkzeuge kannten

2000–1000 v. Chr.
Epoche der bronzezeitlichen Schienenbauer, die bereits Kupfer und Bronze verwendeten

1000–218 v. Chr.
Phönizische Herrschaft, ab etwa 800 v. Chr. von der Stadt Karthago ausgeübt

218 v.–397 n. Chr.
Römische Herrschaft. Nach dem Aufenthalt des Apostels Paulus auf Malta im Jahre 60 n. Chr. entsteht eine erste christliche Gemeinde

397–870
Byzantinische Herrschaft

870–1070
Arabische Herrschaft

1070–1530
Zunächst erobern die Normannen von Sizilien aus Malta. 1194 gehen die Inseln an die Staufenkaiser über, 1282 an das spanische Königreich von Aragón

1530–1798
Herrschaft der Ritter. Kaiser Karl V., erster Habsburger auf dem spanischen Königsthron, überläßt den durch die Türken von Rhodos vertriebenen Johanniterrittern die Maltesischen Inseln. 1565 wehren sie eine fast viermonatige türkische Belagerung ab. Sie bauen Malta zu einer gewaltigen Festung aus, von der aus sie den Handelsverkehr zwischen den weit verstreuten Ländern des Osmanischen Reichs empfindlich stören. 1798 kapitulieren die Ritter vor den Truppen Napoleons

1800–1964
Britische Herrschaft. Wegen der Kirchenfeindlichkeit Napoleons rufen die Malteser die Briten zu Hilfe, die die Inseln besetzen und 1814 zu ihrer Kronkolonie machen. Malta wird für das Vereinigte Königreich neben Gibraltar der bedeutendste Flottenstützpunkt im Mittelmeer. Erster Widerstand gegen ihre Herrschaft regt sich 1919. Im Zweiten Weltkrieg wird die Insel Malta von deutschen und italienischen Flugzeugen zwei Jahre lang fast täglich bombardiert

Seit 1964
Am 21. September 1964 wird Malta unabhängig, bleibt aber Mitglied im Commonwealth und erkennt die englische Königin als Staatsoberhaupt an. Nach der Wahl des Sozialisten Dom Mintoff zum Premierminister steuert Malta in die Blockfreiheit und erklärt sich 1974 zur Republik. 1979 müssen die britischen Truppen die Insel verlassen. 1987 gewinnt erstmals die konservative Nationalpartei die Wahlen; 1996 wird sie wieder von den Sozialisten unter Alfred Sant als Regierungspartei abgelöst

AUFTAKT

heit zu ihren Dienerinnen. Die dunklen, höhlenartigen Tempel verbanden den Menschen der Steinzeit mit der Erde, die ihm mit ihren Gaben das Leben schenkte und deren Teil er nach seinem Tode wieder wurde.

Die vier besterhaltenen Tempelkomplexe der Maltesischen Inseln – Tarxien, Hagar Qim, Mnajdra und Ggantija – gehören in jedes Besichtigungsprogramm. Das Bild dieser Epoche der Tempelbauer rundet das Hypogäum ab, das auf der Welt nicht seinesgleichen hat. Es ist eine mehrgeschossige, unterirdische Begräbnisanlage, in der sich viele Bau- und Schmuckelemente aus den Tempeln wiederfinden. Hier wurden vor fünf- bis siebentausend Jahren im »Schoß der Mutter Erde« vielleicht die Priesterinnen geweiht, die dann Mittler zwischen Mensch und Gottheit waren. Vor etwa 4500 Jahren erlosch die Kultur der Tempelbauer. 500 Jahre lang blieb Malta scheinbar unbesiedelt, bis ein neues Volk die Inseln in Besitz nahm. Es lebte in befestigten Dörfern auf Hügelkuppen und überzog die Inseln mit einem höchst eigenartigen Schienensystem, das an einigen Stellen auf den Inseln – insbesondere nahe den Buskett Gardens – noch gut sichtbar ist. Es gibt bis heute viele Rätsel auf.

Die Schienen bestehen aus bis zu 75 cm tiefen und 5–8 cm breiten Furchen, die in einem Abstand von etwa 1,30 bis 1,50 m nahezu parallel zueinander verlaufen. Sie überschneiden sich wie Kreuzungen und verzweigen sich wie Weichen. Sie sind eindeutig von Menschenhand geschaffen. Aber wozu?

Rätselhafte Spuren aus der Bronzezeit: Karrenschienen

Man stellt sich heute vor, daß darin Schleifkarren gezogen wurden, die statt auf Rädern auf kufenähnlichen Gleitsteinen ruhten. So konnte man relativ bequem und sicher Lasten bis zu 90 kg Gewicht über den rauhen Boden der Inseln transportieren. Zugtiere kannte man nicht; demnach müssen Menschen die Karren gezogen haben.

Das erste vorchristliche Jahrtausend stand dann im Zeichen der Phönizier. Dieses intensiv Seehandel treibende Volk errichtete auf der Insel einen Stützpunkt, der seinen Schiffen sichere Zuflucht gewährte. Danach nannten sie die Insel *Malet* (Zufluchtsort), woraus später Malta wurde. Als die phönizische Tochterstadt Karthago zur vorherrschenden Macht im zentralen Mittelmeer wurde, steigerte sich der Einfluß jener Kultur. Das Phönikische wurde auch zu einer Grundlage der maltesischen Sprache.

218 v. Chr. wurden die Römer zu neuen Herren der Inseln. Wie überall erbauten sie auch in Malta Villen und Thermen, von denen geringe Spuren in und bei Rabat erhalten blieben. Das folgenreichste Ereignis jener Epoche war der Schiffbruch des Apostels Paulus vor Malta im Jahre 59. Drei Monate lang blieb er hier und legte den Grundstein für die christliche Frömmigkeit der Malteser. Ein Inselchen in der St. Paul's Bay wird heute als Ort seiner Landung bezeichnet, der Tag des Schiffbruchs ist ein hoher maltesischer Feiertag.

Von den frühen Christen in der Römerzeit zeugen schließlich die Katakomben von Rabat, die mit ihren zahlreichen Gräbern, Agape-Tischen und mittelalterlichen Fresken zu den schönsten außerhalb Roms gehören. Die Insulaner blieben dem Christentum auch treu, als die Araber vor etwa 1100 Jahren die Inseln den Byzantinern entrissen. Die maltesische Sprache jedoch nahm viele Einflüsse aus dem Arabischen auf, so daß sie heute dem in Tunesien gesprochenen Arabischen am ähnlichsten ist.

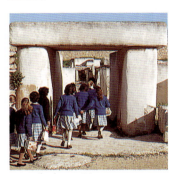

Tempelanlage in Tarxien

Auf die arabische Herrschaft folgten Jahrhunderte wechselnder europäischer Herren, die aber nur noch anhand einiger Architekturfragmente an Häusern in Mdina und Victoria für das Auge präsent sind.

Im Jahre 1530 überließ Kaiser Karl V. das Maltesische Archipel dem Johanniterorden. Damit begann ein Zeitalter, das das heutige Antlitz der Inseln ganz entscheidend prägte. Die Johanniter hatten zur Zeit der Kreuzzüge in Jerusalem und entlang der Pilgerwege zahlreiche Hospitäler gegründet. Dem Orden gehörten vornehme Ritter aus fast allen großen Adelsgeschlechtern Europas an. Nach dem Verlust des Heiligen Landes zogen sie zunächst nach Zypern, dann nach Rhodos weiter. Die Türken vertrieben sie jedoch 1522 von ihrer griechischen Insel – 1530 fanden die Ritter auf Malta eine neue Heimat.

Doch schon 1565 wollten die Türken sie auch von Malta verjagen. Eine gewaltige Streitmacht von über 30 000 Soldaten rückte auf über 200 Kriegsschiffen an. Ihnen standen nur etwa 540 Ritter und 18 000 Mann schlecht ausgebildeter Hilfstruppen gegenüber. Nach knapp viermonatiger Belagerung und äußerst heftigen Kämpfen zogen die Türken resigniert wieder ab. Die Ritter hatten nicht nur Malta erfolgreich verteidigt, sondern sich damit auch als »Schild Europas« erwiesen, der ein Vordringen des Islams nach Italien und Spanien verhinderte.

In den nächsten 200 Jahren konnten sich die Ritter ganz dem Aufbau ihrer Insel widmen. Paläste und Kirchen entstanden

AUFTAKT

innerhalb der mächtigen Mauern ihrer neuen Hauptstadt Valletta, Wachttürme schützten die Inseln rundum. Von den sicheren Häfen Maltas liefen die Schiffe der Johanniter wie gewohnt zu Kaperfahrten gegen den Erbfeind aus; mit den erbeuteten Reichtümern wurden die Gotteshäuser immer prachtvoller ausgeschmückt, Triumphbögen und Brunnen errichtet, aber auch die Krankenpflege auf ein für damalige Zeiten hohes Niveau gebracht. Ihr eindrucksvolles Hospital, heute Konferenzzentrum, Restaurant und Veranstaltungsort einer sehenswerten Audiovisionsschau, steht noch immer. Der Palast des Großmeisters und die Hauptkirche des Ordens sind Höhepunkte bei der Besichtigung Vallettas.

Das Ende der Ritterherrschaft über Malta kam in Gestalt Napoleons. Wegen der Kirchenfeindlichkeit des revolutionären Frankreichs riefen die Malteser jedoch schon bald die Briten zu Hilfe, die sich die Möglichkeit, nahezu kampflos einen solch idealen Stützpunkt für ihre Marine zu bekommen, nicht entgehen ließen. So begann im Jahre 1800 eine Epoche, die die maltesische Gegenwart ganz entscheidend prägt. Schließlich haben die Briten Malta ja auch erst 1964 in die Unabhängigkeit entlassen.

Das sichtbarste Zeichen für den britischen Einfluß ist der Linksverkehr auf den Inseln. Am britischen Vorbild orientiert sind aber auch das Rechts- und das politische System. Für die industrielle Entwicklung des jungen Staates waren die gut ausgebildeten einheimischen Arbeiter der britischen Marinebasis von großer Bedeutung, da sie den Aufbau einer bedeutenden Werft ermöglichten, die noch immer der größte gewerbliche Arbeitgeber der Insel ist. Architektonisch haben die Briten den Maltesern außer einigen klassizistischen Gebäuden in Valletta und Floriana vor allem Kasernen hinterlassen, die jetzt zum Teil als Feriendörfer, zum Teil als Werkstätten für Kunsthandwerker dienen.

Dominierendes architektonisches Element auf Malta und Gozo sind aber die mächtigen Kirchenkuppeln geblieben, die zumeist aus den letzten 200 Jahren stammen. Überall ragen sie unübersehbar aus dem Häusermeer auf, das vor allem die Mitte und den Osten der Insel bedeckt. Malta ist längst kein romantisches Eiland von Fischern und Bauern mehr, sondern gleicht eher einer europäischen Metropole, in der die Namen der Dörfer nur noch einzelne Stadtteile bezeichnen. Weit über 1100 Menschen wohnen hier auf einem Quadratkilometer, und das zumeist nicht in Mietskasernen, sondern in großzügigen Einfamilienhäusern. Über 94 Prozent aller Malteser leben in diesem großstädtischen Konglomerat; Landbevölkerung gibt es kaum noch.

Trotz dieser Verstädterung der Insel mit all ihren negativen Folgen, wie hohem Geräuschpegel und Luftverschmutzung durch den Verkehr, sind Maltas Orte ohne einen Reiz. Dafür sorgen nicht nur die immer wieder eingestreuten historischen Baudenkmäler, sondern vor allem die maltesische Bauweise selbst. Beton wird kaum verwendet; bis

Die maltesische Landschaft ist karg, kleine Agrarflächen und wenig Strände

auf den heutigen Tag sind einheimische Kalksteinblöcke das vorherrschende Baumaterial. Ihre goldgelbe bis mittelbraune Farbe verleiht dem Stadtbild eine beeindruckende Harmonie, die in den alten Ortskernen durch vorspringende, verschiedenfarbige Holzerker interessante Tupfer aufgesetzt bekommt.

Malta ist eben niedrig, aber nicht flach. Die höchste Erhebung ist mit nur 258 m ü.d.M. vermessen. Das Profil der Insel steigt von Nord nach Süd an; im Westen durchziehen einige Täler die ganze Insel in dieser Richtung. So ergeben sich ständig neue Panoramen.

Auch von einem der kleinen Ausflugsdampfer aus, die täglich die Insel umkreisen, lohnt sich die Betrachtung Maltas. Hat man das Städtekonglomerat um Valletta und den Großen Hafen passiert, erreicht man die tiefeingeschnittenen Buchten und Fjorde der Ostküste. Dann folgen die Steilküsten im Süden mit ihren Höhlen und Grotten und schließlich im Südwesten und Westen der Insel Buchten mit mehr oder weniger langen und sandigen Stränden. Hier im Westen, wo sich die Täler über die ganze Inselbreite ziehen, ist Malta auch noch ländlich geblieben. Auf grünen Feldern gedeihen Kartoffeln, Tomaten, Zwiebeln und ein wenig Getreide.

Das eigentliche landwirtschaftliche Zentrum Maltas jedoch ist die kleine Schwesterinsel *Gozo*, die sehr viel dünner besiedelt ist. Niedrige Tafelberge bestimmen hier das Landschaftsbild; die Dörfer haben zumeist noch klar erkennbare Grenzen. Es gibt zwar nur einen größeren Sandstrand, die Ramla Bay, dafür aber romantische Fjorde zum Baden und verschlafene Dörfer, in denen noch ein anderer Rhythmus den Gang des Lebens bestimmt als auf dem sehr geschäftigen Malta. Hier findet man noch die Romantik, die man sich wahrscheinlich von einer mediterranen Insel verspricht.

Gozo produziert einen Großteil der Lebensmittel für die Inselrepublik, darunter auch Milch und Käse, Getreide und Wein. Wälder gibt es auf Gozo aber ebensowenig wie auf Malta, vom

AUFTAKT

Orangenhain der Buskett Gardens bei Rabat einmal abgesehen. Und auch der typische Baum des Mittelmeerraums, der Olivenbaum, fehlt auf den Maltesischen Inseln nahezu völlig. Insgesamt spielt die Landwirtschaft für die Ökonomie der Insel eine untergeordnete Rolle. Noch knapp sechs Prozent aller Erwerbstätigen finden in ihr Beschäftigung. In der Industrie hingegen arbeiten schon weit über ein Drittel aller Malteser.

Ihr Auf- und Ausbau ist vor allem einem Mann zu verdanken, Dom Mintoff. Er war die dominierende Persönlichkeit des jungen, selbständigen Staates nach 1964. Nachdem der Sozialist 1971 zum Premierminister gewählt worden war, versuchte er sein Land aus der Abhängigkeit von Großbritannien und vom Westen herauszuführen. Seine politischen Flirts mit dem libyschen Revolutionsführer Ghaddafi sorgten für viele Schlagzeilen, führten das Land über in die Blockfreiheit und schufen vielfältige wirtschaftliche Verbindungen. Mit Hilfe der Chinesen und der Sowjetunion wurde die Werftindustrie ausgebaut. Zusammen mit Libyen wurde eine bescheidene Erdölindustrie aufgebaut, mit libyschem Kapital wurden viele Gemeinschaftsunternehmen gegründet. Malta erhielt eine eigene Handelsflotte. Zugleich bemühte man sich um die Ansiedlung europäischer Unternehmen, die heute noch in Malta Jeans und Brillengestelle, Bekleidung und Schuhe, Spielzeug und elektronische Zulieferteile produzieren.

Als 1987 die konservative Nationalpartei an die Regierung kam, stellte sie einen Antrag auf Aufnahme in die EU. 1996 gewann jedoch die sozialistische Labour Party wieder die Macht und zog, wie im Wahlkampf versprochen, diesen Antrag wieder zurück.

Ein ganz wesentlicher Wirtschaftsfaktor für Malta ist schon seit langem der Tourismus. Die Briten stellen mit weit über 50 Prozent aller 1050000 im Jahre 1996 gezählten Besucher die große Mehrheit, aber immerhin kamen im gleichen Jahr auch schon fast 200000 deutsche Gäste. Alle Urlauber zusammen bescherten dem Staat Deviseneinnahmen von über 650 Millionen US-Dollar. Damit trägt der Tourismus über 20 Prozent zum Bruttosozialprodukt bei.

Und Malta hat dem Besucher tatsächlich vieles zu bieten. Tempel und Karrenspuren, Kirchen, Paläste und Befestigungen erlauben einen Spaziergang durch sechs Jahrtausende auf engem Raum. Museen und Gotteshäuser bergen Kunstschätze von erheblichem Wert. Landschaft und Küsten sind trotz starker Bebauung voller Reiz. Hinzu kommt die weltoffene Freundlichkeit der Menschen, die auch sehr gut englisch sprechen, eine abwechslungsreiche, weil von vielen Nationen beeinflußte Küche und nicht zuletzt auch ein reichhaltiges Sport- und Unterhaltungsangebot, das von Theateraufführungen bis zu dörflichen Festas, vom Tauchen bis zum Golfspiel, vom Pferderennen bis zum Wasserskifahren reicht. Über allem scheint eine schon ganz afrikanische Sonne, deren Kraft durch die ständige Meeresbrise angenehm gemildert wird.

STICHWORTE

Von Fauna und Flora bis Umweltschutz

Die kleine Inselrepublik ist nicht nur ein Freilichtmuseum, sondern auch ein moderner Staat mit manchen Problemen

Cassar

Der 1520 auf Malta geborene Girolamo Cassar arbeitete zunächst als Assistent des italienischen Architekten Francesco Laparelli am Aufbau von Valletta mit und wurde 1568 sein Nachfolger als leitender Architekt des Johanniterordens. Er ist der Schöpfer des Großmeisterpalastes, der St. John's Co-Kathedrale, der Herbergen der Ordensritter in Valletta und des Verdala Palace. Seine Werke sind noch von der Strenge und Funktionalität des Ritterordens gekennzeichnet. Cassar starb 1610.

Fauna

Die Tierwelt der Inseln ist ausgesprochen artenarm. Es gibt glücklicherweise weder giftige noch gefährliche Tiere – die größten freilebenden Säugetiere der Inseln sind Kaninchen und Igel. Häufig sieht man nur Eidechsen und Mauergeckos sowie insbesondere im Frühjahr und Herbst diverse Zugvögel.

St. Peter und Paul-Kathedrale in Mdina auf Malta

Nur etwa ein Dutzend Vogelarten lebt ständig auf Malta und Gozo, darunter der Nationalvogel Maltas, die Blaumerle, die man gut an ihrem blauen Gefieder erkennt.

Ziegen und Schafe weiden ebenso wie Kühe nur selten im Freien. Meist werden sie in unauffälligen Stallungen gehalten.

Flora

Die Pflanzenwelt der Inseln ist ebenfalls artenarm. Macchia bestimmt weitgehend das Bild. In ihr gedeihen Thymian und Rosmarin, der Mastixstrauch und Heidekraut, Wolfsmilch- und Zwiebelgewächse. Im Frühjahr blühen einige Feldblumen, darunter vor allem der Klatschmohn. Ortsnamen wie Zebbug und Zejtun verraten, daß es früher auf der Insel große Olivenhaine gab. Sie mußten jedoch unter britischer Herrschaft Baumwollplantagen Platz machen, die inzwischen längst aufgegeben wurden. Neue Ölbäume an ihrer Statt werden aber nur in kleinem Rahmen angepflanzt. Ein anderer Baum, der gelegentlich vorkommt, ist der Johannisbrotbaum. Erst von den Johannitern eingeführt wurden Aleppokiefern, später kamen Agaven, Kaktusfeigen, Oleander und Eukalyptusbäume auf die Inseln.

Gafà
Maltas bedeutendster Baumeister des 17. Jhs. war Lorenzo Gafà (1630–1704). Er hatte in Rom Architektur studiert und schuf später viele herausragende Barockbauten der Insel. Zu seinen Werken zählen die Kathedrale von Mdina und die Katharinenkirche von Zejtun, die viele zu den schönsten Barockkirchen des Landes zählen.

Georgskreuz
Im Staatswappen führt die Republik Malta das Georgskreuz. Dieser Orden wurde der Inselbevölkerung am 15. April 1942 vom britischen König Georg VI. als Anerkennung für ihr tapferes Erdulden der deutschen und italienischen Fliegerangriffe verliehen, die der Bevölkerung bereits seit Juni 1941 schwer zugesetzt hatten. Bei diesen Bombenangriffen verloren über 1250 Briten und Malteser ihr Leben, große Teile Vallettas und der anderen Städte rund um den Grand Harbour fielen in Schutt und Asche (und wurden in der Nachkriegszeit dann möglichst originalgetreu wieder aufgebaut). Vom Frühjahr bis zum August 1942 war Malta zusätzlich von See her völlig isoliert, so daß die Bevölkerung auch noch unter Hunger zu leiden hatte. Obwohl viele Malteser vor dem Krieg durchaus italienfreundlich gesinnt waren, kamen in den Kriegsjahren nie Bewegungen auf, die die Kapitulation oder den Anschluß an Italien forderten. Dafür vor allem bedankte sich der britische Monarch mit dem Georgskreuz.

Große Belagerung
Als *Grand Siège*, die große Belagerung, wird in Malta die Belagerung der Johanniterfestungen und -städte durch die Türken im Jahre 1565 bezeichnet. Die Stadt Valletta gab es damals noch nicht, die Ritter lebten in Birgu, dem heutigen Vittoriosa. Am 18. Mai 1565 tauchte die türkische Flotte vor Maltas Küste auf. Am 24. Mai eröffnete sie das Feuer auf die Festung St. Elmo an der Einfahrt zum Grand Harbour. Über 30 Tage lang wehrte sich dessen Besatzung, von der keiner den Angriff überlebte. Nach der Einnahme des Forts ließ der türkische Oberbefehlshaber, Mustafa Pascha, die Leichen der Christen an Kreuze nageln und mit der Strömung in den Grand Harbour treiben. Bei deren Anblick gab der Großmeister des Ordens, La Valette, den Befehl, alle türkischen Gefangenen zu enthaupten und ihre Köpfe als Kanonenkugeln zum Feind zu schicken.

Danach bauten die Türken ihre Kanonen auf der Landzunge auf, auf der heute Valletta liegt, und beschossen von dort aus Birgu und das Fort St. Angelo, Senglea und andere Stützpunkte des Ordens mit bis zu 200 kg schweren Steinkugeln. Fast drei Monate lang währte der Kampf, in dem die Ritter und ihre Hilfstruppen zahlenmäßig deutlich unterlegen waren. Als die Ritter ihre Sache schon fast verloren gaben, erreichte die Türken am 7. September die Nachricht von der Landung eines sizilianischen

STICHWORTE

> **Die Marco Polo Bitte**
>
> Marco Polo war der erste Weltreisende. Er reiste in friedlicher Absicht, verband Ost und West. Er wollte die Welt entdecken, fremde Kulturen kennenlernen, nicht zerstören. Könnte er für uns Reisende des 20. Jahrhunderts nicht Vorbild sein? Aufgeschlossen und friedlich sollte unsere Haltung auf Reisen sein. Dazu gehören auch Respekt vor Mensch und Tier und die Bewahrung der Umwelt.
>
> WWF

Hilfskorps in der Mellieha-Bucht im Norden der Insel. Da sie deren Stärke überschätzten und zudem auch schon die Herbststürme einsetzten, beschlossen die Türken den Rückzug — Malta war gerettet. Schön nachzulesen ist die spannende Geschichte der Großen Belagerung in dem Buch von Ernle Bradford, »Der Schild Europas«.

Hompesch

Deutsche Ritter gehörten dem Johanniterorden schon immer an. Zum Großmeister brachte es aber nur einer: Freiherr Ferdinand von Hompesch, ein gebürtiger Düsseldorfer. Er wurde am 17. Juli 1797 im Alter von 53 Jahren zum 71. Großmeister des Ordens gewählt — und war zugleich sein letzter. Bereits am 12. Juni 1798 landete Napoleon auf Malta und bereitete dem Ordensstaat ein Ende. Hompesch begab sich nach Triest und starb 1805 im Alter von 60 Jahren in Montpellier. Zeit zu großartigen Bauten blieb ihm in seiner kurzen Regentschaft nicht. Einzig und allein ein Triumphbogen in Zabbar zeugt vom einzigen deutschen Großmeister des Ordens.

Inquisition

Die Inquisition, entstanden im 12. Jh., war ein geistliches Gericht, das ursprünglich zur Auffindung und Bestrafung von Ketzern zuständig war. Im Laufe des Mittelalters wurde diese kirchliche Einrichtung oft mißbraucht. In Spanien diente sie dem Königshaus zur Beugung des Adels; in Deutschland führte sie seit 1484 zahlreiche Hexenprozesse, die für die Opfer meist den Feuertod bedeuteten. Aus Malta sind Fälle inquisitorischer Grausamkeit nicht im Detail bekannt. Hier hatten die Inquisitoren vor allem die Aufgabe, die Interessen des Papstes beim Großmeister des Ritterordens zu vertreten; außerdem oblag ihnen die Vergabe der kirchlichen Druckerlaubnis. Sie residierten in zwei Palästen, dem nahe den Dingli Cliffs und einem in Vittoriosa.

Kalypso

In der »Odyssee« beschreibt Homer, der erste große Dichter Europas, die Irrfahrten des griechischen Helden Odysseus. Nach der Beendigung des neunjährigen Kampfes um Troja wurde sein Boot auf der Heimfahrt kreuz und quer durchs Mittelmeer getrieben. All seine Gefährten kamen unterwegs um, nur Odysseus landete auf der Insel Ogygia, von der die Einheimischen glauben, es sei Gozo gewesen. Hier lebte die Nymphe Ka-

Schöner Sandstrand an der Ramla Bay vor der Höhle der Kalypso

lypso. Sie behielt Odysseus sieben Jahre lang bei sich und verwöhnte ihn mit allen Mitteln einer göttlichen Frau. Er aber saß den ganzen Tag über mit tränengefüllten Augen am Strand und sehnte sich nach seiner Heimat, der griechischen Insel Ithaka. Göttervater Zeus gab Kalypso letztlich den Befehl, Odysseus ziehen zu lassen — Kalypso blieb traurig in ihrer Höhle zurück, die die Fremdenführer über dem Strand der Ramla Bay auf Gozo ausgemacht haben.

Kirchturmuhren

Maltas Kirchturmuhren sind keine zuverlässigen Chronometer. Manchmal sind sie nur aufgemalt, häufig gehen sie völlig falsch. Hat eine Kirche zwei Türme und damit auch zwei Kirchturmuhren, geht meist nur die eine annähernd richtig. Mit all den gar nicht oder falschgehenden Uhren wollen die Malteser den Teufel verwirren, damit er nicht rechtzeitig zur heiligen Messe erscheinen und die Gläubigen ablenken kann.

Megalithkultur

Als Megalithkultur bezeichnet man eine jungstein- und bronzezeitliche Epoche, in der Großsteinbauten wie Dolmen, Menhire, Tempel und Gräber aus riesigen, weitgehend unbehauenen Steinen errichtet wurden, denen kultische Bedeutung zukam. Der Begriff leitet sich von den griechischen Wörtern *megas* (groß) und *lithos* (Stein) ab. Den einzelnen großen Stein bezeichnet man als *Monolithen*, Konstruktionen aus zwei senkrecht stehenden Steinen, über die ein dritter Stein waagrecht gelegt wurde, als *Trilithen*. Einzelne, senkrecht stehende Steine werden *Orthostaten* genannt. Wenn man diese vier Wörter kennt, hat man das nötige Rüstzeug zum Verständnis von Tempelbeschreibungen. Die Megalithkultur war nicht nur in Malta zu Hause, sondern über das ganze westliche Mittelmeer, West- und Nordeuropa verbreitet. Ihr gehören beispielsweise auch der Steinkreis von Stonehenge und die Menhirreihen in der Bretagne

STICHWORTE

an. In Deutschland findet man ebenfalls zahlreiche Zeugnisse der Megalithkultur. Nirgends außer in Malta sind jedoch den maltesischen Tempeln vergleichbare Bauten entstanden.

Multivisions-Shows

Man würde fast eine ganze Woche lang brauchen, um sich alle Multivisionsschauen anzusehen, die auf Malta und Gozo um die Gunst des zahlenden Publikums werben. Manche sind ein Spektakel aus vielfach überblendeten Dias, Musik und Sprache; andere ein eher biederes Wachsfigurenkabinett mit Licht- und Toneffekten. Meist entspricht der Eintrittspreis von durchschnittlich 8–10 Mark keineswegs der gebotenen Leistung. Eine Ausnahme jedoch bildet die *Malta Experience* in Valletta. Für besonders am Thema Interessierte sind auch die Shows *Malta George Cross* (Malta im Zweiten Weltkrieg) und *The Sacred Island* (heidnische Religionen und Christentum auf Malta) ihren Eintritt wert – alle anderen kann man vergessen, wenn man kein Geld zum Fenster hinauswerfen will.

Preti

Der Italiener Mattia Preti (1613–1699) aus Kalabrien ist der Maler, der den Malstil in den maltesischen Kirchen am nachhaltigsten geprägt hat. Er selbst war in seiner Jugend durch ganz Italien gereist und hatte Anregungen verschiedener regionaler Malschulen aufgenommen, bevor er sich selbst als Meister in Rom etablierte. 1656 zog er nach Neapel um, wo er mit den Ordensrittern von Malta in Kontakt kam. 1661 bekam er den Auftrag zur Ausmalung der Ordenskirche in Valletta, der heutigen St. John's Co-Kathedrale. Er starb 1699 auf Malta.

Ritter

Der »Ritterliche Orden des Heiligen Johannes vom Spital in Jerusalem«, kurz Johanniter- und später auch Malteserorden genannt, wurde bereits 1099 sogleich nach der Eroberung Jerusalems von den Teilnehmern am Ersten Kreuzzug gegründet. Ordensritter konnten nur Adlige werden. Sie mußten zunächst eine zweijährige Probezeit als Novizen absolvieren, die je zur Hälfte in der Krankenpflege und als Kämpfer auf einer Galeere zu leisten war.

Der Orden war in mehrere Landsmannschaften, die sogenannten *Zungen*, untergliedert. Jede Zunge wurde von einem sogenannten *Pilier* geführt. Die Führungspositionen waren klar auf die unterschiedlichen Zungen verteilt. So hatte der Pilier der deutschen Zunge die Oberaufsicht über alle Festungsbauten, der Pilier der französischen Zunge leitete den Krankenpflegedienst, der Pilier der italienischen Zunge war der Admiral der Ordensflotte. Oberstes Leitungsgremium des Ordens war der »Rat der Sechzehn«, der aus den Piliers der Zungen, dem Prior der Ordenskirche und den obersten Verwaltungsbeamten der Zungen bestand. Der oberste Herr des Ordens, der Großmeister, wurde jeweils auf Lebenszeit von einem Wahlmännergremium gewählt. Ihm schuldeten alle Ritter unbedingten Gehorsam. Wie ein Landesfürst vertrat er den Orden auch nach außen.

Einkünfte erzielte der Orden nicht nur aus seinen Kaperfahrten, sondern auch aus Schenkungen europäischer Fürstenhäuser und vor allem aus der Nutzung seiner großen Besitztümer überall in Europa.

Der Orden besteht auch nach seiner Vertreibung von Malta bis auf den heutigen Tag fort, wenn er auch kein eigenes Territorium mehr besitzt. Der Großmeister residiert jetzt in Rom; die Aufgaben des Ordens sind nur mehr rein humanitärer und karitativer Art.

Es gibt inzwischen einen protestantischen und einen katholischen Zweig; adlig muß man nicht mehr sein, um in den Orden aufgenommen zu werden. Sehr bekannte Organisationen der deutschen Malteser sind der Malteser-Hilfsdienst und die Johanniter-Unfall-Hilfe.

Schulsystem

Schulpflicht besteht für Kinder bis zu 16 Jahren. Der Schulbesuch ist kostenlos. Es gibt Staatsschulen, an denen auf Maltesisch und Englisch unterrichtet wird, sowie viele zumeist von der katholischen Kirche unterhaltene Schulen, an denen Englisch die einzige Unterrichtssprache ist.

Die Universität von Malta wurde bereits 1596 gegründet. Daneben besteht eine Technische Universität.

Steinbrüche

Malta ist nahezu vollständig aus Kalkstein aufgebaut, zwischen dem Schichten aus Ton und Mergel eingelagert sind. Der Kalkstein kann nach zwei Arten unterschieden werden: Korallenkalk und Globigerinenkalk. Globigerinen sind uralte, aber auch heute noch in allen Weltmeeren vorkommende, bis zu 5 cm große Meereslebewesen mit einer kalkhaltigen Hülle, die nach dem Tod der Tiere auf den Meeresboden absinkt. Im Laufe der Jahrhunderttausende haben sie den Kalkstein gebildet, der heute auf Malta das wichtigste Baumaterial darstellt. Es ist leicht abzubauen und wird erst unterm Sonnenlicht hart. Nur Fassaden in Seenähe sind auf Malta häufig aus dem sehr viel schwerer zu verarbeitenden Korallenkalk hergestellt. Beide Steinarten werden im Tagebau gewonnen. Vor allem in Zentralmalta sieht man zahlreiche, viele Dutzend Meter tiefe Gruben, auf deren Grund der Stein gelöst und zerschnitten wird.

Strukturplan

Auch auf Malta bleibt die Entwicklung nicht stehen. 1991 hat das Parlament einen Strukturplan verabschiedet, der bis zum Jahre 2010 vieles, was in der Republik bisher im argen liegt, verbessern soll. So sollen zum erstenmal ernstzunehmende Be-

Das Linienverkehrsnetz ist gut

STICHWORTE

bauungspläne entstehen, sollen Straßen und Verkehrsverhalten europäischen Normen angepaßt, der öffentliche Verkehr neu strukturiert und Umweltpolitik betrieben werden.

Umweltschutz

Umweltschutz wurde auf Malta bisher kleingeschrieben. Der Müll wird noch immer unter offenem Himmel verbrannt, Sondermülldeponien sind auf der Insel unbekannt. An die Kläranlage im Süden von Malta ist nur ein Teil der Gemeinden und Industriebetriebe angeschlossen. Bleifreies Benzin ist noch nicht zur Regel geworden, Autos mit geregeltem Katalysator werden kaum gefahren. Eine Überwachung der Abgaswerte findet nicht statt. Der Strom wird hauptsächlich mit Erdöl erzeugt, die Sonnenenergie wird von privaten Haushalten weitaus weniger genutzt als in anderen Mittelmeerländern. Ein Umweltbewußtsein muß man den meisten Maltesern leider völlig absprechen.

Università

Als die Normannen Malta im Jahre 1070 eroberten, fanden sie bereits einen einheimischen Adel vor. Die einheimischen Adelsgeschlechter hatten auch noch während der Ritterzeit Bestand. Ihr Selbstverwaltungsorgan war durch all die Jahrhunderte hindurch die sogenannte Università mit dem *Consiglio popolare* als oberstem Gremium. Seine Rechte und Pflichten waren schriftlich verbrieft; jeder Großmeister mußte bei seiner Amtseinführung schwören, diese Rechte und Pflichten zu achten.

Vogelmord

Vogelfang und Vogelmord sind auf den Maltesischen Inseln ein Volkssport. Nahezu jeder zwölfte Malteser hängt ihm an. Überall in der Landschaft sieht man aufgetürmte Steintischchen, auf denen im Frühjahr und Herbst Lockvögel in ihren Käfigen stehen. In der Nähe ist immer ein Unterstand, in dem der Jäger lauert. Zwischen den Lockvogelkäfigen hat er ein hauchdünnes Schlagnetz gespannt, das für die Tiere nicht sichtbar ist. Daran zieht er, sobald Finkenvögel sich ihm nähern. Die Beute wird dann lebend verkauft. So werden jährlich Hunderttausende von Tieren gefangen. Viele Jäger belassen es aber nicht beim Fang von Vögeln, sondern schießen sie auch. Je seltener ein Vogel ist, desto lieber hat man ihn. Nach Schätzungen der rund 1500 maltesischen Vogelschützer werden so jährlich auf Malta über 3000 Reiher, 1500 Falken, über 500 Eulen, über 50 000 Feldlerchen, über 100 000 Turteltauben und sogar über 200 000 Singdrosseln getötet. Hinzu kommen Fischadler, Pelikane und andere seltene Vögel. Die raren Exemplare werden ausgestopft und als Trophäen in Wohnzimmern, Lokalen und Garagen ausgestellt; die »Massenware« wird fortgeworfen. Zwar gibt es auf Malta Schonzeiten und Jagdverbote für bestimmte Vogelarten; die Einhaltung dieser Gesetze wird jedoch so gut wie gar nicht überwacht. Die Vogeljäger zu verärgern würde Wählerstimmen kosten — und das kann sich bei den knappen politischen Mehrheitsverhältnissen auf der Insel keine Partei leisten.

ESSEN & TRINKEN

Maltas Restaurants im internationalen Trend

Nur wenig regionale Küche, aber immer mehr Exotisches

Maltas Küche ist stark von der geographischen Nähe und dem kulturellen Einfluß Italiens sowie der britischen Kolonialzeit und dem britischen Massentourismus geprägt. Die englische Küche hat hier fast ausnahmslos üble Spuren hinterlassen. Pommes frites bilden zu fast jedem Gericht die Beilage; panierte Fischfilets mit Pommes *(fish 'n' chips)* sind nahezu ein Nationalgericht. Hamburger und Hot dogs dürfen da natürlich auch nicht fehlen. Der Einfluß der italienischen Küche ist breiter gefächert. Neben der allgegenwärtigen Pizza sind auch vielerlei Nudelgerichte auf nahezu allen Speisekarten zu finden. Daneben haben sich ausgezeichnete Restaurants etabliert, die feine italienische Küche mit raffinierten Fleisch-, Fisch- und Gemüsegerichten anbieten.

Da der Anteil der meist zu Niedrigpreisen reisenden britischen Touristen immer mehr abnimmt und dafür anspruchsvollere deutsche, französische und italienische Urlauber kommen, geht es mit der Restaurantkultur Maltas inzwischen aufwärts. Es gibt schon ausgesprochene Feinschmeckerlokale mit entsprechendem Preisniveau und immer mehr exotische Restaurants. Wer will, kann auf Malta binnen eines Urlaubs eine kulinarische Weltreise unternehmen. Die Küchenziele reichen von Griechenland und der Türkei bis nach Malaysia und Indonesien, Indien, China und Japan. Auch eine Reihe von arabischen Restaurants ist zu finden. Auf der Strecke bleibt bei alledem die rustikale maltesische Küche. Es gibt auf ganz Malta nur wenige maltesische Spezialitätenlokale. Allerdings setzen immer mehr Restaurants zumindest einige einheimische Gerichte auf die Karte. Dazu gehören:

Aljotta – eine Fischsuppe mit viel Knoblauch;
Bragioli – eine Rindsroulade mit Ei, Hackfleisch und Erbsen;

Der Insider-Tip in Rabat:
Cuckoo's Nest Tavern

Bzar ahdar mimli — gefüllte Paprikaschoten;
Brugiel mimli — gefüllte Auberginen;
Fenek — Kaninchen, das meist in einer Knoblauch- und Rotweinsoße serviert wird;
Gbejniet friski — ein Frischkäse aus Schafs- und Ziegenmilch, der zumeist aus einer Molkerei auf Gozo stammt;
Gbejniet moxxi — die luftgetrocknete Variante des gozitanischen Frischkäses;
Kappunata — ein Eintopf aus Auberginen, Kapern, Knoblauch, Paprika, Tomaten, Zwiebeln und Zucchini;
Kabocci mimlija — eine Art Kohlroulade, gefüllt mit Käse oder Hackfleisch;
Ravjul — Ravioli, die mit dem maltesischen Käse Ricotta gefüllt sind;
Timpana — ein Auflauf aus Makkaroni, Hackfleisch und Béchamelsoße;
Torta tal Lampuki — ein Auflauf mit püriertem Blumenkohl, püriertem Fisch, Zwiebeln, Knoblauch und Tomaten.

Fisch ist immer da

Fisch ist auf Maltas Speisekarten immer präsent. Zwei Drittel aller auf den Inseln verkauften Fische sind jedoch importiert und demnach tiefgefroren. Wer wirklich frischen Fisch essen will, geht am besten in ein gutes Lokal, in dem ihm die frischen Fische im ganzen präsentiert werden. Der Preis richtet sich dann nach dem Gewicht. Ein preiswertes und volkstümliches Fischgericht ist *Octopus Stew*, in Rotwein gekochter Krake. Der beliebteste Frischfisch zwischen August und November ist *Lampuki*, ein makrelenähnlicher Fisch mit festem, weißem Fleisch. Er wird gedämpft, gegrillt, gebacken oder gebraten serviert. Jederzeit wohlschmeckend und zudem noch grätenlos ist *Sword Fish* (Schwertfisch), der auch gefroren nur wenig von seiner Güte verliert. Eine Seltenheit in den Restaurants ist frischer *Merluzz*, ein Seehecht, für den dann auch ein stolzer Preis verlangt wird.

Getränke

Ein ausgesprochenes Nationalgetränk gibt es in Malta nicht. Im Lande selbst produziert werden nur Milch, Fruchtsäfte und die bittere Limonade *Kinnie* aus ungeschälten Orangen, Wasser und Wermutkraut sowie Wein und Bier. Für letzteres sorgen zwei Brauereien: Carlsberg und Farsons. Farsons bietet die Varianten *Cisk Lager*, *Hopleaf Ale* und *Stout* an. Wein vom Faß bekommt man fast nur noch in einfachen Dorfkneipen. Die Restaurants beschränken sich auf Flaschenweine. Die bekanntesten Kellereien sind *Marsovin*, *Emmanuel Delicata* und *Lachryma vitis* auf Malta sowie *Ggantija* und *Cittadella* auf Gozo.

Maltesische Gaumenfreuden:
Wein von der Insel

ESSEN & TRINKEN

Victoria Markt, Gozo: Restaurants kaufen Fisch gern frisch vom Markt

Essen im Hotel

Maltesische Küche findet man in den Hotels nur selten. In den einfacheren Häusern wird internationale Einheitskost geboten, in den besseren Häusern setzt man auf italienische und französische Küche. In den Restaurants der besseren Hotels wird abends von den Herren erwartet, daß sie ein Jackett tragen.

Auswärts essen

Die Speisekarten in den Restaurants sind immer auf englisch, manchmal auch auf italienisch oder deutsch abgefaßt.

In Restaurants der gehobenen Kategorien läßt man sich von einem Kellner zum Tisch geleiten. Manchmal ist es auch üblich, zunächst an der Bar oder in der Lobby bei einem Aperitif Platz zu nehmen und derweil die Bestellung aufzugeben. Der Kellner bittet dann zu Tisch, sobald die Vorspeise servierbereit ist. In guten Restaurants werden ungern nur Salate oder Vorspeisen serviert. Wer wenig Appetit hat, geht besser in eine Pizzeria oder ein einfaches Lokal.

Die Essenszeiten auf Malta sind nicht mediterran weitgefaßt, sondern britisch begrenzt. Das Mittagessen wird in der Regel zwischen 12 und 14 Uhr, das Abendessen zwischen 19 und 22 Uhr serviert.

Konditoreien

In Valletta und den Urlaubsorten bieten modern eingerichtete Konditoreien und Kaffeehäuser eine Vielzahl von verführerischen Backwaren, darunter auch maltesische Spezialitäten, an. Besonders lecker sind die *Pastizzi*, mit Käse oder Erbsenpüree gefüllte Blätterteigtaschen. Auch *Kanolli tar-rikotta* sollte man probieren: mit Käse, Kirschen, Mandeln, Schokolade und Zucker gefüllte Hörnchen.

EINKAUFEN & SOUVENIRS

Glas und Spitzendeckchen

Viele maltesische Kunsthandwerker arbeiten in ausgedienten Hangars

Nirgendwo in Malta reiht sich ein Souvenirgeschäft ans andere. Wer nach einem originellen Mitbringsel sucht, begibt sich am besten direkt in die Werkstätten, die zu einem großen Teil in den beiden Kunsthandwerkszentren der Republik, *Ta 'Qali* bei Mdina auf Malta und *Ta 'Dbiegi* bei San Lawrenz auf Gozo, untergebracht sind. Vom äußeren Anblick sollte man sich nicht schrecken lassen: Die praktisch denkenden Malteser haben ihre Souvenirproduktion in alten Flugzeughangars und Militärgebäuden angesiedelt.

Maltas traditionsreichstes Kunsthandwerk allerdings wird noch immer in Heimarbeit hergestellt. Schon seit Jahrhunderten klöppeln maltesische Frauen feine Malteserspitzen und zieren damit Tischdecken und Taschentücher, Servietten, Schals und Stolen. In Heimarbeit werden auch handgestrickte Wollpullover, -jacken, -mützen und -schals sowie handgewebte Wollteppiche hergestellt.

Erst seit ein paar Jahrzehnten ist auf Malta ein Kunsthandwerk ansässig, dessen Ergebnisse sich durchaus mit der Qualität der Spitzen messen können: In drei Werkstätten der Insel wird farbiges Glas mundgeblasen. In den Kunsthandwerkszentren arbeiten Silberschmiede, die vor allem Filigranschmuck produzieren. Schön sind Türklopfer aus Messing, wie man sie insbesondere noch an den Türen im mittelalterlichen Städtchen Mdina findet. Gewichtige Mitbringsel sind aus maltesischem Stein geschnittene Aschenbecher und Briefbeschwerer; schön in der Hand liegen Tabakspfeifen aus dem Holz eines einheimischen Heidekrautgewächses. Recht rustikal wirken die Erzeugnisse der lokalen Keramiker; nur noch als Kitsch zu bezeichnen sind lebensgroße Ritterrüstungen aus Weißblech. In Spezialgeschäften sind außerdem Aquarelle und Handdrucke mit maltesischen Ansichten erhältlich.

Öffnungszeiten der Geschäfte
Mo—Fr 9—13 und 15.30—19 Uhr, Sa 9—13 und 16—20 Uhr

Handarbeiten in allen Farben

MALTA-KALENDER

Jedes Dorf hat seine Festa

*Prozessionen, Jahrmärkte und Feuerwerk —
im Feiern sind die Malteser geübt*

Die Malteser feiern viel und gern. Einige Feiertage gelten dem Gedenken an nationale Ereignisse, die meisten jedoch sind eng mit dem katholischen Glauben verbunden. Außer den insgesamt 14 gesetzlichen Feiertagen begeht jedes Dorf das Patronatsfest seines Schutzheiligen, die *Festa*. Manche Festas sind bereits seit dem 15. Jh. bezeugt, viele andere werden erst seit der Nachkriegszeit gefeiert. Als älteste gilt die zu Ehren des hl. Laurentius in Vittoriosa (seit 1090 belegt), als jüngste die zu Ehren Unserer Lieben Frau vom Berg Karmel in Fleur de Lys, die 1975 erstmals gefeiert wurde.

Meist zieht sich die Festa über ein langes Wochenende hin, immer ist sie mit Prozessionen, Jahrmärkten und Feuerwerk verbunden. Jedes Dorf bemüht sich, das Nachbardorf an Aufwand zu übertreffen; die Kosten dafür trägt die Gemeinde. Die Kirchen erstrahlen abends im Glanz Tausender farbiger Glühbirnen, die Straßen sind mit Bannern, Girlanden und Heiligenstatuen geschmückt. Das Innere der Pfarrkirche ist mit kostbaren Tüchern ausgehängt und duftet nach unzähligen Blumen. Fast alle Blumenarrangements tragen deutlich sichtbar den Namen der Stifterfamilie — auch hier versucht man, sich gegenseitig zu übertreffen. Die Menschen kleiden sich festlich, besonders die Kinder werden mit großem Aufwand herausgeputzt. Fliegende Händler verkaufen Hot dogs und die Spezialität *Halva*, die fast nur bei Festas gegessen wird, Zuckerwatte und Pommes frites, Luftballons und Wunderkerzen.

Spätestens am Samstagabend zieht eine Blaskapelle der Gemeinde durch die geschmückten Straßen; das ganze Dorf geht in die Kirche. Am Sonntagmorgen findet der große Festgottesdienst statt, am Abend bildet die feierliche Prozession mit dem Heiligenstandbild den Höhepunkt des Festes, der von einem gewaltigen Feuerwerk begleitet wird. Die Feuerwerkskörper werden zum Teil selbst gebastelt, vorsichtige Distanz ist angebracht.

Lieblingsbeschäftigung der Malteser ist das Feiern. Karneval in Valletta

GESETZLICHE FEIERTAGE

1. Januar, *Neujahrstag*. Konzert- und Ballettveranstaltungen im Großmeisterpalast in Valletta.

10. Februar, Schiffbruch des Apostels Paulus *(Feast of St. Paul's Shipwreck)*. Festa in Valletta.

19. März, *St. Joseph's Tag*

31. März, Freiheitstag *(Freedom Day)* zur Erinnerung an den Abzug der letzten britischen Soldaten von Malta im Jahre 1979.

Karfreitag (variabel). *Prozessionen* in Valletta und 13 anderen Gemeinden des Landes.

1. Mai, Tag der Arbeit *(Feast of St. Joseph the Worker)*. Kundgebungen am Nachmittag.

7. Juni, *Sette Giugno* zur Erinnerung an einen Aufstand gegen die britische Militärverwaltung im Jahre 1919. Kundgebung auf dem Palace Square in Valletta.

29. Juni, ★ *Mnarja – St. Peter und St. Paul*. Singen und Tanzen am Vorabend in den Buskett Gardens, Pferde- und Eselsrennen bei Mdina am Nachmittag des Festtags selbst.

15. August, *Mariä Himmelfahrt*. Festas in Attard, Ghaxaq, Mgarr,

Marienfest in Mosta, auch die Kirche ist Maria geweiht

Mosta, Mqabba auf Malta sowie in Victoria auf Gozo.

8. September, ★ Unsere Herrin des Sieges *(Our Ladies of Victory)* zur Erinnerung an das Ende der türkischen Belagerung im Jahre 1565 und der deutsch-italienischen Blockade im Jahre 1943. Große Regatta im Grand Harbour.

21. September, Unabhängigkeitstag *(Independence Day)* zur Erinnerung an die Erlangung der Unabhängigkeit im Jahre 1964.

MARCO POLO TIPS
FÜR FESTE UND FESTIVALS

1 Karneval
Maskeraden, Umzüge und Wettbewerbe in Valletta (Seite 29)

2 Mnarja
Zwei Tage voller Folklore in den Buskett Gardens und in Mdina auf Malta (Seite 28)

3 Festas
Kirchweihfeste an fast jedem Sommerwochenende (Seite 29)

4 Unsere Herrin des Sieges
Nationalfeiertag mit farbenprächtiger Bootsregatta im Grand Harbour (Seite 28)

MALTA-KALENDER

Kundgebungen und Umzüge in vielen Orten.
8. Dezember, *Fest der Unbefleckten Empfängnis*. Festa in Cospicua.
13. Dezember, *Tag der Republik* zur Erinnerung an die Erklärung der Republik im Jahre 1974. Gedenkfeier in Valletta.
25. Dezember, *Weihnachtsfeiertag*. Gefeiert wird in der Kirche und in den Familien.

FESTAS

★ Die Kirchweihfeste werden meist nicht mehr am eigentlichen Patronatstag begangen, sondern am vorausgehenden oder folgenden Wochenende.

Auf Malta
Letzter Sonntag im Januar: *Mdina*
4. Juni: *Guardamangia*
2. Sonntag im Juni: *Zebbug*
Letzter Sonntag im Juni: *Qormi, Siggiewi*
1. Sonntag im Juli: *Birkirkara, Hamrun, Luqa, Rabat, Sliema*
2. Sonntag im Juli: *Balzan, Fgura, Gzira, Kalkara, Marsaxlokk*
3. Sonntag im Juli: *Qormi, Sliema*
4. Sonntag im Juli: *Paola*
Letzter Sonntag im Juli: *Balluta, St. Paul's Bay*
1. Sonntag im August: *Birzebugga, San Gwann*
1. Sonntag vor dem 4. August: *Valletta*
6. August: *Lija*
1. Sonntag nach dem 7. August: *Hamrun*
1. Sonntag nach dem 15. August: *Paola*
18. August: *Birkirkara*
1. Sonntag nach dem 18. August: *Sliema*
20. August: *Dingli*
21. August: *Sta. Lucia*
Letzter Sonntag im August: *Manikata, Marsa, Safi, St. Julian's*
1. Sonntag im September: *Sliema, Zurrieq*
8. September: *Mellieha, Senglea*
1. Sonntag nach dem 8. September: *Zabbar*
3. Sonntag im September: *Kirkop*

Auf Gozo
Letzter Sonntag im Mai: *Munxar*
1. Sonntag im Juni: *Ghasri*
4. Sonntag im Juni: *Xewkija*
29. Juni: *Nadur*
1. Sonntag im Juli: *Gharb*
2. Sonntag im Juli: *Kercem*
3. Sonntag im Juli: *Victoria*
4. Sonntag im Juli: *Sannat*
Letzter Sonntag im Juli: *San Lawrenz*
1. Sonntag im August: *Qala*
20. August: *Zebbug*
Letzter Sonntag im August: *Ghajnsielem*
8. September: *Xaghra*

SONSTIGE FESTE UND VERANSTALTUNGEN

Karneval
★ Am Faschingswochenende wird von Freitag bis Faschingsdienstag vor allem in Valletta gefeiert. Umzüge finden statt, auf dem Palace Square werden Tanz- und Gesangswettbewerbe veranstaltet.

Ostersonntag
In vielen Dörfern finden am frühen Morgen Prozessionen statt. Eindrucksvoll sind die Umzüge in Vittoriosa und Cospicua.

Valletta-Festival
In der letzten oder vorletzten Aprilwoche werden Konzerte, Umzüge in historischen Kostümen und Folklore geboten.

VALLETTA UND DAS STÄDTISCHE MALTA

Am Puls des Lebens

Zwischen den Hotels von St. Julian's und den Mauern von Valletta leben die meisten Touristen und Malteser

Zwischen dem Grand Harbour im Süden und der St. George's Bay im Norden ist Maltas Küste lückenlos bebaut. Die Orte tragen hier zwar noch immer unterschiedliche Namen, sind in Wahrheit aber längst zu einer großen Stadt zusammengewachsen. Dabei ist eine deutliche Funktionsteilung spürbar. Die Siedlungen am Grand Harbour, allen voran *Vittoriosa, Senglea, Cospicua* und *Marsa*, werden vom Hafen und der Werftindustrie geprägt, hier wohnen Arbeiter und keine Touristen. Valletta ist nicht nur das historische Zentrum der Insel mit den meisten Sehenswürdigkeiten, sondern tagsüber auch eine lebendige Einkaufsstadt. Viele Regierungsstellen sind hier angesiedelt, aber nur wenige Hotels. Abends ist Valletta so gut wie ausgestorben. *Floriana* — wie Valletta von Büros und Behörden geprägt — bildet den Übergang zu den Wohnsiedlungen der Händler und Staatsangestellten. Anfangs sind die nördlich gelegenen Stadtteile noch von kleinen Gewerbebetrieben durchsetzt; ab *Sliema* (20 000 Ew.) prägt der Fremdenverkehr das Gesicht der Orte. *St. Julian's* und *Paceville* schließlich sind zumindest in Ufernähe nur noch reine Urlauberstädte. Hier pulsiert das Leben am Abend. Hinter den Stadtteilen am Wasser liegt eine zweite Reihe von Orten, die ebenfalls

Pfarrkirche St. Joseph, Msida

Hotel- und Restaurantpreise

Hotels
Kategorie 1: ab 20 Lm
Kategorie 2: 13–20 Lm
Kategorie 3: 7–13 Lm

Die oben genannten Preise gelten immer pro Person im Doppelzimmer inklusive Frühstück pro Nacht.

Restaurants
Kategorie 1: über 8 Lm
Kategorie 2: 5–8 Lm
Kategorie 3: 4–5 Lm

Die Preise gelten für ein Essen mit Fleisch- oder Fischgericht, Beilagen, Salat und einer halben Flasche einheimischem Wein.

völlig ins städtische Malta integriert sind. *Zabbar* und *Qormi*, *Hamrun* und *Birkirkara* gehören dazu. Sie haben dem Fremden nur wenig zu bieten — anders als Paola und Tarxien mit den zwei sehr bedeutenden Kultstätten.

Im städtischen Malta ist es kaum üblich, im Meer zu baden. Auf den felsigen Küstenstreifen kann man sich bestenfalls sonnen; zum Schwimmen nutzt man die Pools der Hotels. Geschichte wiederum wird man kaum dort suchen, wo die Fremdenunterkünfte stehen. Außer einigen Festungen aus der Zeit der Ordensritter oder der Briten gibt es keinerlei historische Monumente. Die sind dafür reichlich in Valletta und Floriana, Vittoriosa und Senglea zu finden.

Der Grand Harbour, um den herum sie liegen, war ja die Keimzelle des neuen Malta. Als die Johanniterritter 1530 auf Malta landeten, war die Sciberras-Halbinsel, auf der heute Valletta und Floriana stehen, noch völlig unbesiedelt. Nur an ihrer äußersten Spitze stand bereits ein kleines Fort, das die Ritter zum Fort St. Elmo ausbauten. Auf der gegenüberliegenden Seite, wo heute Senglea und Vittoriosa zu finden sind, hatten sich Fischer zwischen den Ruinen phönizischer, byzantinischer und arabischer Bauten niedergelassen. Das Herz Maltas schlug zu jener Zeit in Mdina.

Die Johanniter erkannten den strategischen Wert des Grand Harbour für sich und ihre Flotte

MARCO POLO TIPS FÜR VALLETTA UND DAS STÄDTISCHE MALTA

1 Hafenrundfahrt
So sieht man Vallettas Festungsmauern am eindrucksvollsten (Seite 35)

2 Archäologisches Nationalmuseum, Valletta
Maltas Altertum komplett (Seite 41)

3 Tempel von Tarxien
Großsteinbauten aus einer Zeit ohne Metallwerkzeuge und Maschinen (Seite 49)

4 Großmeisterpalast in Valletta
Pracht, die auch heute noch für Staatsempfänge genutzt wird (Seite 36)

5 St. John's Co-Kathedrale in Valletta
Der Prachtbau der Ordensritter (Seite 39)

6 Vittoriosa
Eine ganz südländische Arbeiterwohnstadt voller Geschichte (Seite 50)

7 St. Julian's
Maltas Zentrum, wenn es um Restaurants und Nachtleben geht (Seite 47)

8 Merchant's Street in Valletta
Ein Straßenmarkt an jedem Werktagmorgen (Seite 45)

VALLETTA UND DAS STÄDTISCHE MALTA

sofort. Zwischen 1530 und 1565 ließen sie auf den beiden Halbinseln zwischen French Creek und Kalkara Creek nicht nur die alten Festungen neu erstehen, sondern auch gleich zwei neue Städte: Birgu, das heutige Vittoriosa, und Senglea, benannt nach dem Großmeister Claude de la Sengle. Wegen der vielen Menschen, die in diesen beiden Siedlungen Arbeit fanden, wurde auch noch der Bau einer dritten, etwas landeinwärts gelegenen Stadt notwendig. Bormla, heute Cospicua genannt, entstand. Diese drei Orte nennt man heute zusammenfassend die *Three Cities* – die Drei Städte. Valletta ist jünger als diese drei. Den Plan zum Bau der neuen Hauptstadt faßte Großmeister Jean Parisot de La Valette erst während der Großen Belagerung im Jahre 1565. Als sie überstanden war, wurde er sogleich mit finanzieller Unterstützung des Papstes und der Herrscherhäuser Europas in die Tat umgesetzt. Bereits 1571 konnte der Orden von Birgu, das wegen seines heldenhaften Kampfes gegen die Türken inzwischen den Ehrentitel Vittoriosa trug, in die neue Metropole umziehen. Drei einzigartig befestigte Städte, die aus der Luft gesehen mit ihren Mauerringen und Forts fast wie fest verankerte Schlachtschiffe wirken, schützten nun den Grand Harbour vor jedem neuen Überfall.

Die rege Bautätigkeit führte zu einem enormen Wirtschaftsaufschwung, der auch Künstler und Handwerker aus anderen Ländern Europas anzog. Die vorhandenen Städte reichten bald nicht mehr aus, sie unterzubringen. Um 1620 zogen die Ritter den Mauerring um Valletta weiter und schufen so die Vorstadt Floriana. Schon wenige Jahre später entstand 1638 um die Three Cities herum auf der Landseite ein zusätzlicher Verteidigungsring, die *Magherita Lines*, die schon zwischen 1670 und 1680 durch die *Cotonera Lines* ergänzt wurden. Um die gleiche Zeit erbauten die Ritter auch an der Landzunge, die gegenüber von Valletta die Hafeneinfahrt begrenzt, eine Festung, das Fort Ricasoli. Zwischen diesem Fort und Vittoriosa entwickelte sich Kalkara zu einem bedeutenden Platz für Fischer und für kleine Werften, auf denen die kleinen Fischerboote gebaut wurden. Im 19. Jh. errichteten die Briten schließlich über Kalkara noch ein großes Marinekrankenhaus; am inneren Ende des Grand Harbour entstand mit Marsa eine Industriestadt.

Erst in unserem Jahrhundert wuchsen dann auch die Weiler weiter im Norden zu Kleinstädten heran. Und erst der Tourismus der 80er Jahre hat aus Sliema und St. Julian's neue Zentren für Fremde und Einheimische zugleich gemacht.

VALLETTA

(117/D 2) Valletta (9200 Ew.) gibt sich gegenüber dem Rest der Insel vornehm distanziert. Größtenteils wird es durch den Grand Harbour und den Marsamxett Harbour von seinen Nachbarstädten getrennt; zu seiner Vorstadt Floriana hält es durch einen tiefen Wallgraben und eine breite Straßenschneise Abstand. Der Angelpunkt, der beide zusammenhält, ist der weite runde

Platz vor dem City Gate, in dessen Mitte der markante *Tritonenbrunnen* steht. Der Platz ist zugleich Maltas wichtigster Busbahnhof, von dem aus Linienbusse in alle Winkel der Insel fahren.

Durch das *City Gate*, ein umstrittener Neuentwurf aus den 60er Jahren, tritt man ins Innere der ehrwürdigen Ritterstadt ein. Wie ein Rückgrat zieht sich von hier aus die *Republic Street* auf dem Grat des Monte Sciberras bis hinunter an die Spitze der Halbinsel mit dem Fort St. Elmo. An der Republic Street liegen Vallettas bedeutendste Plätze, an ihr stehen der Großmeisterpalast und — mit einer Längsseite — auch die St. John's Co-Kathedrale, die Ordenskirche der Johanniter. Bis hinunter zum Großmeisterpalast wird die Republic Street von einigen der besten Läden Vallettas gesäumt; an ihr haben mehrere renommierte Philharmonische Gesellschaften der Stadt ihre Clubhäuser, an ihr liegen der Oberste Gerichtshof des Landes und einige der wenigen Straßencafés der Stadt.

Von der Republic Street zweigen viele andere Straßen rechtwinklig zu den beiden Häfen hin ab. Ganz Valletta ist schachbrettartig angelegt, Treppenfluchten und recht steile Hänge gehören zu den Kennzeichen der Stadt. Die Häuser sind vielgeschossig; oft sind kleine und große Erker scheinbar wahllos an Teile der Fassaden angesetzt. Auch in den Nebenstraßen sind Geschäfte und kleine Bars zu finden.

Einige Bars, in denen sich während der britischen Kolonialzeit das Nachtleben der Matrosen abspielte, sind inzwischen arg heruntergekommen. Nur im unteren Teil der *Strait Street* ist noch ein Hauch von Soho oder St. Pauli zu spüren.

Valletta und das städtische Malta: Das Foto zeigt, wie eng alles zusammengewachsen ist

VALLETTA UND DAS STÄDTISCHE MALTA

Dafür wurde es in den 90er Jahren wieder chic, in Valletta zu wohnen. Ein wenig Geld investiert der Staat in die Renovierung der Häuser, vieles basiert auf Privatinitiative. Noch ist Valletta eine Stadt für den Tag. Doch es besteht begründete Hoffnung, daß sie wieder zu einer lebendigen Stadt für den Abend wird.

Jeder Besuch Vallettas ist unvollständig ohne einen Blick von ihren Mauern und Bastionen auf die beiden Häfen — und ohne eine ★ Rundfahrt durch diese Häfen von Sliema aus. Nur wer beides unternommen hat, kann die Wehrhaftigkeit und die unglaubliche Bauleistung der Menschen des 16.–18.Jhs. richtig würdigen. Nicht vergessen sollte man dabei aber auch, daß Valletta im Zweiten Weltkrieg schwer bombardiert wurde. Die Aufbauleistung in den Nachkriegsjahren ist bewundernswert.

Vallettas Vorstadt *Floriana* ist weit weniger spektakulär. An den Platz mit dem Tritonenbrunnen grenzt sie mit dem weiten Vorplatz der St. Publius-Kirche, der nahezu von Getreidespeichern aus der Ritterzeit unterhöhlt ist. Zwei breite Boulevards ziehen sich von hier aus ins Land hinein. Die *St. Anne Street* bildet die Verbindungsachse zur übrigen Insel, während *The Mall* vor einer Bastion der Außenmauern endet.

Fährt man von Floriana aus bis zum Ricasoli Point am anderen Ufer der Hafeneinfahrt oder hinauf nach St. Julian's, benutzt man dafür am besten die Uferstraßen. Dann erst wird einem bewußt, welch buchtenreichen Küstenabschnitt sich die Johanniterritter für ihre Ansiedlung gewählt hatten. Und immer wieder wird man dabei ins Schwärmen geraten, sobald man nur Augen und Nase vom Straßenverkehr abwendet. Da liegen im Sommerhalbjahr überall noch die kleinen, bunten Boote in Buchten und Fjorden, da hat man immer wieder einen faszinierenden Blick auf das befestigte Valletta. Abends ist er besonders schön — da werden die jahrhundertealten Mauern effektvoll angestrahlt.

BESICHTIGUNGEN

Argotti Botanical Gardens (U/A 6)
Der schon 1754 auf einer Bastion der Stadtmauer angelegte Botanische Garten besitzt eine umfangreiche Kakteensammlung.
Frei zugänglich, The Mall, Floriana

**Auberge d'Angleterre
et de Bavière   (U/D 2)**
Die Ordensritter aus Bayern, Großbritannien und Polen teilten sich eine Herberge, da sie zahlenmäßig nur schwach vertreten waren und die Gründung ihrer *Zunge* auch erst kurz vor dem Einmarsch Napoleons 1784 erfolgte. Sie nutzten einen schon im Jahre 1696 entstandenen, zwar monumentalen, aber schmucklosen Bau, in dem heute eine Schule untergebracht ist.
Keine Innenbesichtigung möglich, West Street, Valletta

Auberge d'Aragon   (U/D 3)
Die sehr schlicht gehaltene Herberge der Ordensritter aus Aragón, 1570 nach Plänen Cassars erbaut, erhebt sich gegenüber der anglikanischen St. Paul's Kathedrale und beherbergt heute Regierungsbehörden. *Innenbe-*

sichtigung nicht möglich, West Street, Valletta

Auberge de Castille, Leon e Portugal (U/C–D 5)
Der Palast der Ritter von der Iberischen Halbinsel, Mitte des 18. Jhs. entstanden, ist heute Amtssitz des maltesischen Ministerpräsidenten. *Innenbesichtigung nicht möglich, Castille Square, Valletta*

Auberge de Castille, Leon e Portugal

Auberge d'Italie (U/D 4)
Die heutige Hauptpost von Valletta war einmal die Herberge der italienischen Ordensritter. Sie entstand 1574 nach den Plänen von Cassar als einundhalbstöckiger Bau und wurde Ende des 17. Jhs. durch ein Obergeschoß erweitert. *Mo–Fr 7–20 Uhr, Sa 7–19 Uhr, Merchants Street, Valletta*

City Gate (U/C 5)
Das heutige Stadttor am oberen Anfang der Republic Street ist ein recht umstrittenes Werk aus dem Jahre 1968. Das ursprüngliche Tor aus dem 16. Jh. wurde niedergerissen, da es dem Autoverkehr nicht mehr gewachsen war. *Frei zugänglich*

Fort St. Elmo (U/F 2)
Die strategisch hervorragend gelegene Festung an der Spitze der Sciberras-Halbinsel überwacht die Einfahrt zu beiden Häfen Vallettas, dem Grand Harbour und dem Marsamxett Harbour. Hier stand schon eine kleine Festung, als die Ordensritter nach Malta kamen. Sie war das erste Angriffsziel der türkischen Belagerer im Jahre 1565. Ihre Verteidiger, 1500 Ritter und Soldaten, hielten sie über einen Monat lang und kamen dabei allesamt um; die Türken kostete der Angriff jedoch 8000 Tote und wertvolle Zeit, die später beim Kampf um Vittoriosa fehlte. Nach der Großen Belagerung wurde das Fort vollständig neu erbaut; im Zweiten Weltkrieg wurden von hier aus alle U-Boot- und Schnellbootangriffe der deutschen und italienischen Marine auf im Hafen liegende Schiffe erfolgreich abgewehrt. Heute ist im Fort die maltesische Freiwilligenmiliz untergebracht. Vor den Mauern des Forts verschließen steinerne Deckel tief in den Fels gehauene Kornspeicher aus dem 17. Jh. Im Fort findet jeden zweiten Sonntag die sehr fotogene, einstündige Parade *In Guardia* mit etwa 90 Teilnehmern in historischen Kostümen und Ritterrüstungen statt *(Eintritt 1 Lm)*. Zutritt sonst nur *Sa 13–17, So 9–17 Uhr, 50 c, St. Elmo Place, Valletta*

Großmeisterpalast
(Grand Master's Palace) (U/D 4)
★ Mitten in Valletta steht der größte Profanbau der Hauptstadt, der Palast der Großmeister des Ordens. Seine zweigeschossige Fassade repräsentiert mit

VALLETTA UND DAS STÄDTISCHE MALTA

ihrer Strenge noch den Ernst des 16. Jhs., in dem die Türkenbelagerung ja gerade erst überstanden war. Die hölzernen Erker an den Ecken dürften jünger sein, die beiden Barockportale wurden erst im 18. Jh. angefügt. Überraschend lieblich wirken die beiden großen Innenhöfe, um die sich die Palastteile gruppieren: der Neptunshof mit einer Statue des antiken Meergottes und einem Brunnen, der früher als Pferdetränke diente, und der Prince-Alfred-Hof mit einer schlanken Palme und einer besonders schönen Araukarie. An der Turmuhr dieses Hofes schlagen seit 1745 bronzene, dunkelhäutige Gestalten in türkischen Uniformen jede volle Stunde.

Der Palast, während der britischen Herrschaft Sitz der Gouverneure, dient heute als Tagungsort des maltesischen Parlaments und als offizieller Amtssitz des maltesischen Staatspräsidenten. Trotzdem können Teile des Palastes besichtigt werden. Die Waffenkammer *(Armoury)* erreicht man vom Neptunshof aus. In ihr sind viele der insgesamt 5700 erhaltenen Waffen und Rüstungsteile der Ordensritter ausgestellt, darunter auch die goldverzierte Prunkrüstung des Großmeisters Alof de Wignacourt (1601–1622) und die nicht minder prächtige Paraderüstung seines Vorgängers Martin de Garzez (1595–1601). *Standardöffnungszeiten (s. S. 90)*

Vom Prince-Alfred-Hof aus führt eine Wendeltreppe hinauf ins Obergeschoß mit den Prunkgemächern des Palastes, die heute noch für Staatsempfänge genutzt werden. Ein englischsprechender Führer begleitet alle Besucher auf einem Rundgang durch die Räume.

Zunächst geht man durch den 31 m langen *Palastkorridor* mit Deckengemälden, die die Seeschlachten und Kaperfahrten der Ordensritter darstellen. Im Gelben Saal *(Yellow Room)* berichten Fresken aus der frühen Geschichte des Ordens. So sieht man hier zum Beispiel, wie die Ritter den französischen König Ludwig IX. 1250 gegen Lösegeldzahlung vom ägyptischen Sultan auslösten oder wie König Friedrich II. 1229 eine Truppe von Johanniter- und Templerrittern in die Schlacht führte. Im *Botschafter-Raum (Ambassador's Room)* wird die Darstellung der Ordensgeschichte mit acht weiteren Fresken fortgesetzt. So sieht man unter anderem die Ankunft der Ritter auf Rhodos im Jahre 1309 und ihren Abzug von dort im Jahr 1522. In den Sesseln dieses Raumes saßen auch schon Papst Johannes XXIII., George Bush und Michail Gorbatschow.

Im *Saal des Großen Rates (Hall of the Supreme Council)* nehmen 12 Fresken das Thema der Großen Belagerung im Jahre 1565 auf. Im *Speisesaal (State Dining Room)* schließlich sind Porträts britischer Könige und Königinnen aufgehängt.

Der Höhepunkt eines Besuchs im Großmeisterpalast ist dann der *Gobelin-Saal (Tapestry Chamber)*. Er diente bis 1976 als Sitzungssaal des maltesischen Parlaments und ist auch noch entsprechend möbliert. An den Wänden jedoch hängen zehn einzigartige Gobelins aus Seide und Baumwolle, die in leuchtenden Farben Pflanzen, Landschaften, Tiere und Menschen in den Tropen zeigen. Sie wurden um 1700 in der Manufacture Royale des Gobelins in Paris gewebt. Als Vorlage dienten Gemälde zweier Maler, die um 1640 mehrere Jahre in Brasilien gelebt hatten. Die Fresken über den Gobelins haben wiederum Kaperfahrten der Ordensritter zum Thema. *Standardöffnungszeiten (s. S. 90), Palace Square, Valletta*

Hastings Gardens (U/B–C 4)
♿ Der kleine Garten auf der St. John's Bastion ist nach einem britischen Gouverneur benannt und bietet einen guten Blick über Floriana. *Frei zugänglich, Pope Pius VI. Street, Valletta*

Lascaris War Rooms (U/D 5)
Während des Zweiten Weltkriegs lagen die britischen Befehlsstände in einer Bastion, die vom Großmeister Lascari in Auftrag gegeben worden war. Mit lebensgroßen Puppen wird hier das Leben der Soldaten anschaulich gemacht. *Mo–Fr 9.30–16, Sa u. So 9.30–12.30 Uhr, Zugang von der St. Ursula Street aus über die Battery Steps neben den Upper Barracca Gardens, Valletta*

Law Courts (U/D 4)
Der 1967 im neoklassizistischen Stil erbaute Oberste Gerichtshof des Landes mit seinen sechs imposanten dorischen Säulen ersetzte die im Zweiten Weltkrieg zerstörte Auberge d'Auvergne aus dem 16. Jh. *Innen nicht zugänglich, Republic Street, Valletta*

Lower Barracca Gardens (U/E–F 4)
Im Zentrum des kleinen Gartens auf der gleichnamigen Bastion der Stadtmauer erinnert ein Tempel im dorischen Stil an den ersten britischen Hochkommissar Maltas, Sir Alexander Ball. *Frei zugänglich, Triq Mediterran, Valletta*

Manoel-Theatre (U/D 3)
Das einzige Theater der Insel Malta stammt bereits aus dem Jahre 1732 und gilt damit als ältestes erhaltenes, noch immer für Aufführungen genutztes Theater Europas. Die Besichtigung lohnt, auch wenn keine Aufführung stattfindet. Seine vier Ränge mit ihren Logen sind ganz aus bemaltem Holz errichtet. Insgesamt haben in diesem Theater 720 Zuschauer Platz. *Führungen auf englisch Mo–Fr 10.45 und 11.30, Sa 11.30 Uhr, Eintritt 1 Lm, Old Theatre Street, Valletta*

Opernhaus (U/C 4)
Vom 1866 eingeweihten Opernhaus Vallettas steht seit einem Bombenangriff im Jahre 1942 nur noch eine Ruine. Der neoklassizistische Bau des britischen Architekten Edward Barry war seiner Umgebung so wenig angepaßt, daß man ihn als einziges Gebäude Vallettas nicht wieder aufrichtete. *Frei zugänglich, Republic Street, Valletta*

Our Lady of Mount Carmel (U/D 3)
Die 42 m hohe Kuppel dieser nach dem Zweiten Weltkrieg neu erbauten Kirche prägt die Silhouette der Stadt vom Marsamxett-Hafen her. *Frei zugänglich, Zekka Street, Valletta*

Sacra Infermeria (U/F 3)
Das bereits 1575 erbaute Hospital des Ritterordens, die *Sacra Infermeria*, war höchstwahrscheinlich eins der modernsten und

VALLETTA UND DAS STÄDTISCHE MALTA

großzügigsten Krankenhäuser seiner Zeit. Anders als zu dieser Zeit allgemein üblich hatte jeder Kranke sein eigenes Bett; insgesamt standen über 700 Betten in sechs verschiedenen Sälen. Der größte davon, 160 m lang, ist erhalten geblieben und dient heute als Ausstellungsraum und Restaurant für Sondergruppen.

In den Krankensälen taten vom Orden selbst ausgebildete Ärzte und Pfleger Dienst. Auch die hochadligen Ordensritter mußten regelmäßig in Demut Kranke versorgen, die gesellschaftlich oft weit unter ihnen standen. Es gab sogar einen kleinen Krankensaal für Ungläubige, gefangengenommene Moslems.

Der ehemalige Innenhof des Hospitals ist im letzten Jahrzehnt in ein internationales Kongreßzentrum verwandelt worden, in dem alljährlich auch Veranstaltungen wie das *Internationale Chorfestival* Anfang November stattfinden. In den Kellergewölben informiert die Ausstellung *The Knights Hospitallers* anhand von Originalen, Modellen und mit Puppen nachgestellten Szenen sehr anschaulich über das Krankenhauswesen der Ritter; außerdem kann man nur im Rahmen dieser Ausstellung auch den Großen Krankensaal besichtigen. *Mo–Fr 9.30–16.30, Sa u. So 9.30–13.30 Uhr, Eintritt 1,30 Lm, Mediterranean Street, Valletta*

St. John's Co-Kathedrale (U/D 4)
★ Die eindrucksvollste Kirche Vallettas ist die Hauptkirche des Johanniterordens, Johannes dem Täufer geweiht. Nach dem Abzug der Ritter von Malta fiel sie an das Erzbistum Malta und wurde 1816 von Papst Pius VII. in den Rang einer Bischofskirche erhoben, den bis dahin allein die Kathedrale von Mdina hatte — daher der eigenartige Name Co-Kathedrale.

Die St.-Johannes-Kathedrale wurde 1573–1577 nach den Plänen von Girolamo Cassar erbaut, der eigentlich gelernter Militärarchitekt war. Entsprechend streng, schlicht, aber auch stabil ist das Äußere der Kirche. Ganz anders das Innere, das Mattia Preti Mitte des 17. Jhs. im Stil des Barock auf eigene Kosten umgestaltete! Nicht nur die Deckenmalereien mit 18 Szenen aus dem Leben Johannes des Täufers stammen von ihm, sondern auch die Vorzeichnungen für die zahlreichen Reliefs, mit denen Pfeiler und Wandflächen lückenlos bedeckt sind.

Am außergewöhnlichsten ist jedoch der Boden der Kirche. Er ist über und über mit 375 Grabplatten aus Einlegearbeiten in verschiedenfarbigem Marmor bedeckt, unter denen Ordensritter beigesetzt sind. Die Platten sind mit Inschriften und Wappen, aber auch immer wieder mit Totenschädeln und Skeletten versehen.

Die Kapellen in den beiden Seitenschiffen sind jeweils einer der *Zungen* genannten Landsmannschaften des Ordens zugeordnet. Auf der linken Seite sind das von hinten nach vorn die Kapelle Deutschlands, Italiens, Frankreichs, der Provence und schließlich der gemeinsamen Zunge Bayerns und Großbritanniens; auf der rechten Seite sind es die Portugals und Kastiliens, Aragóns und der Auvergne. Das

Oratorium der Kirche war für die Gebete der Novizen des Ordens gedacht und wurde ebenfalls von Preti gestaltet. Das 1608 entstandene Altarbild jedoch – Maltas bedeutendstes Gemälde überhaupt – stammt vom Italiener Michelangelo da Caravaggio. Mit ungewöhnlicher Ausdruckskraft, raffinierten Licht- und Schattenkontrasten und großer Realitätsnähe wird die Enthauptung Johannes des Täufers dargestellt. Der noch nicht ganz tote Täufer liegt nach dem Schwertstreich blutend auf dem Boden, während der halbnackte Henker seinen Kopf ergreift, um diesen mit dem Messer vollends vom Leib zu lösen. Der Gefängniswärter weist auf die goldene Schale, die Salome schon bereithält, um das Haupt des Täufers in Empfang zu nehmen. Eine alte Frau greift sich entsetzt mit beiden Händen an den Kopf, während zwei Neugierige hinter einem vergitterten Fenster versuchen, das Geschehen zu verfolgen. Signiert hat der Meister sein Werk makabrerweise ausgerechnet in einer Blutlache auf dem Boden mit dem Schriftzug »fr. michelang«.

Der St. John's Co-Kathedrale ist ein Museum angeschlossen, das man vom Oratorium aus erreicht. Es besitzt 28 Gobelins, die alljährlich im Juni in der Co-Kathedrale selbst aufgehängt werden. Sie entstanden zwischen 1697 und 1700 in der Hofweberei des französischen Königs Ludwig XIV. nach Vorlagen von Peter Paul Rubens und Nicolas Poussin. Sie stellen u.a. die Verkündigung, die Anbetung durch die Hirten und durch die Heiligen Drei Könige, Jesu Einzug in Jerusalem, die Kreuzigung und die Auferstehung dar. *Co-Kathedrale und Museum Mo–Sa 9.30 bis 12.30, Mo–Fr auch 13.30 bis 16.25 Uhr, 60c, St. John's Square, Valletta*

St. Paul's Kathedrale (U/D 3)
Die anglikanische Hauptkirche Vallettas ist eine Stiftung der britischen Königin Adelaide aus dem Jahre 1844 und steht an der Stelle der abgerissenen Herberge der deutschen Ritter, der Auberge d'Allemagne. Ihr 61 m hoher Kirchturm ist eines der Wahrzeichen der Stadt; der Bau selbst ist dem Neoklassizismus verpflichtet. *Tgl. 6–12.30 und 16–19.30 Uhr, Archbishop Street, Valletta*

St. Paul's Shipwrecked (U/D 4)
Die nach Plänen Cassars erbaute und 1629 nach den Vorstellungen Lorenzo Gafàs veränderte Kirche, dem Schiffbruch des Apostels Paulus geweiht, besitzt zwei bedeutende Reliquien: eine vom Arm des Heiligen und ein Stück von der Säule, an der er in Rom enthauptet wurde. Das Gemälde von Matteo Perez d'Aleccio über dem Hauptaltar zeigt den Schiffbruch des Apostels, die Deckenfresken von Attilio Palimbi erzählen aus dem Leben des Paulus. *Tgl. außer So 9.30–12 und 16–18 Uhr, St. Paul Street, Valletta*

Upper Barracca Gardens (U/D 5)
Vallettas schönste Parkanlage, schon 1775 auf der St.-Peter-und-Paul-Bastion angelegt, liegt auf dem höchsten und eindrucksvollsten Punkt der Stadtmauer und gewährt einen grandiosen Ausblick über den Grand

VALLETTA UND DAS STÄDTISCHE MALTA

Harbour und die alten Städte Senglea und Vittoriosa, auf die Werft sowie die tiefer gelegenen Teile der Hauptstadt. In den Parkanlagen stehen mehrere Statuen, darunter eine von Sir Winston Churchill, und eine gelungene Skulptur des maltesischen Bildhauers Antonio Sciortino, betitelt mit »Die Straßenjungen«. Demnächst sollen die Upper Barracca Gardens zum Auditorium einer Ton-und-Licht-Schau werden. *Frei zugänglich, Castille Square, Valletta*

MUSEEN

Standardöffnungszeiten sind auf Seite 90 unter dem Begriff BESICHTIGUNGEN aufgeschlüsselt.

Archäologisches Nationalmuseum (U/C 4)
★ In der 1574 fertiggestellten, ehemaligen Auberge de Provence, wo einst die provenzalischen Ordensritter lebten, wird heute zur Schau gestellt, was Maltas Boden an archäologischen Schätzen freigab. Das Museumsgebäude wurde von 1995 bis 1998 grundlegend restauriert, die Sammlungen neu geordnet. Die Wiedereröffnung erfolgte im April 1998; bis zur vollständigen Zugänglichkeit aller Ausstellungsräume dürfte aber noch einige Zeit vergehen. Es ist daher möglich, daß zeitweise nicht alle der nachfolgend genannten Objekte zu sehen sind.

Im *Erdgeschoß* werden die Funde aus dem Neolithikum gezeigt; Tempelmodelle erleichtern das Verständnis neolithischer Architektur. Besonders eindrucksvoll ist der berühmte Altar von Hagar Qim. Der 73 cm hohe Kalksteinblock ist über und über mit Punkten dekoriert und trägt auf allen vier Seiten Reliefs. Sie stellen eine Pflanze dar, die aus einem Topf emporwächst — sicherlich ein Symbol der Fruchtbarkeit.

Zu den schönsten Kunstwerken der Jungsteinzeit gehört die nur 7 cm hohe und 12 cm lange Terrakottafigur einer liegenden Frau, die auch als *Schlafende Venus* bezeichnet wird *(Saal 8)*. Ihr winziger Kopf liegt auf einem Kissen, ihre viel zu breiten Schultern und die mächtigen Oberarme sollen wohl ebenso wie die ausladenden Brüste und das gewaltige Becken Fruchtbarkeit symbolisieren. Das nur 5 cm lange Miniaturmodell eines einräumi-

Ein Bild aus vergangenen Zeiten

Sie spazieren durch Valletta. Vor einem der hohen Häuser an einer der vielen Wohnstraßen hält der Lieferwagen eines Bäckers. Im vierten Stock hat schon eine ältere Dame auf ihn gewartet. Schließlich bringt er ihr jeden Tag ungefähr zur gleichen Zeit das frische Brot. Sie öffnet ihr Fenster und läßt einen Korb an einem langen Seil herab. Das Geld fürs Brot liegt drin, der Bäcker tauscht das Geld gegen ein Brot, und die Dame zieht den Korb wieder herauf, der Einkauf ist erledigt. Sie haben ein Stück Mittelalter miterlebt, hier hat die Technisierung und mit ihr die Anonymität die Gegenwart noch nicht vollkommen eingeholt.

gen Tempels aus Mgarr zeigt die früheste Form maltesischer Tempel und hat den Archäologen zugleich Aufschluß über die nirgends erhaltene Dachform der Tempel gegeben. An den Wänden dieses Raumes sind die Tierreliefs aus den Tempeln von Tarxien aufgestellt, die vor Ort auch als Kopien zu sehen sind. Sie zeigen Prozessionen von Opfertieren. Klar zu erkennen sind Schafe, Ziegen und Schweine. Einzigartig ist die abstrahierte Darstellung einer Sau, die 13 Ferkel säugt – auch dies wahrscheinlich ein Symbol der Fruchtbarkeit.

Ein weiterer Höhepunkt aus neolithischer Zeit ist das Original der größten auf Malta gefundenen Magna-Mater-Statue, deren Kopie auch im Tempel von Tarxien steht. Aus der Größe der nur bis zur Hüfthöhe erhaltenen Skulptur kann man schließen, daß sie einst rund 3 m hoch gewesen sein muß.

Im *Obergeschoß des Museums* nimmt ein großer Saal die gesamte Frontseite des Museums ein. Seine bemalte Kassettendecke zeugt vom Prunk der Ritterzeit. In den Ausstellungssälen im Obergeschoß sind vor allem Exponate aus der phönizischen Zeit ausgestellt. Eindrucksvoll ist ein punischer, menschengestaltiger Terrakotta-Sarkophag aus dem 5. Jh. v. Chr., der bei Rabat gefunden wurde. Für die Wissenschaft bedeutsamer war freilich der *Cippus*, ein Grabstein, der eine phönizische und eine griechische Inschrift trägt. Er ermöglichte es den Archäologen erstmals, das phönizische Alphabet zu verstehen. *Standardöffnungszeiten, Republic Street, Valletta*

Casa Rocca Piccola (U/E 3)
Der kleine Stadtpalast aus dem späten 16. Jh. wird noch von einer maltesischen Adelsfamilie bewohnt, kann aber im Rahmen einer Führung besichtigt werden. *Mo–Sa 10–13 Uhr, Eintritt 2 Lm, Republic Street 74, Valletta*

Kriegsmuseum
(National War Museum) (U/E-F 2)
In einem Vorwerk des Forts St. Elmo wird die Kriegs- und Militärgeschichte Maltas im 19. und 20. Jh. dokumentiert. Von besonderem Interesse sind die zahlreichen Fotografien, die vom Leiden und Mut der maltesischen Bevölkerung während des Zweiten Weltkriegs berichten. Ausgestellt ist auch das den Maltesern verliehene Georgskreuz. *Standardöffnungszeiten, Fort St. Elmo, Valletta*

Malta Experience (U/F 3)
Maltas Geschichte ist das Thema einer 45minütigen Audiovisionsschau, bei der zu eindrucksvollen Toneffekten in Quadrophonie 39 Projektoren über 3000 hervorragende Dias auf eine Großleinwand werfen. Die Erläuterungen werden über Kopfhörer in acht verschiedenen Sprachen gegeben, darunter auch in Deutsch. *Mo–Fr stündlich 11–16 Uhr, Sa–So 11, 12 und 13 Uhr, Eintritt 2,50 Lm, St. Lazarus Bastion, am unteren Ende der Merchants Street, Valletta*

Malta George Cross (U/D 3)
Eine 45minütige, sehr effektvoll inszenierte Audiovisionsschau in Schwarzweiß schildert auf englisch Maltas Kampf im Zweiten Weltkrieg. Für Kinder nicht geeignet. *Mo–Fr 11, 13 und*

VALLETTA UND DAS STÄDTISCHE MALTA

15 Uhr, Sa 11 Uhr, Eintritt 2 Lm, Hostel de Verdelin, Palace Square, Valletta

Nationalbibliothek
(National Library) (U/D 4)
Die Nationalbibliothek war das letzte größere Bauwerk der Ordensritter. 1796 begonnen, wurde sie 1812 fertiggestellt und beherbergt heute über 300 000 Bücher und etwa 10 000 Handschriften und Urkunden aus der Geschichte der Inseln und des Ordens.

Einige Dokumente sind Teil einer ständigen Ausstellung im Lesesaal. Dazu gehören die päpstliche Bulle *Pia postulatio voluntatis* von 1113, mit der Papst Paschalis II. den Johanniterorden gründete, und die Urkunde, mit der Kaiser Karl V. 1530 Malta dem Orden zum Lehen gab. *1. Okt.–15. Juni Mo–Fr 8.15 bis 17.45 Uhr, Sa 8.15–13.15 Uhr; 16. Juni–30. Sept. Mo–Sa 8.15 bis 13.15 Uhr, Republic Square, Valletta*

Nationalmuseum der Schönen Künste (National Museum of Fine Arts) (U/C 4)
Ein Ende des 18. Jhs. als Gästehaus des Ordens erbauter Palast, der in britischer Zeit dann Sitz der Admiralität war, beherbergt heute Maltas Gemälde- und Kunstgalerie. Neben zahlreichen Werken von Mattia Preti und Antoine Favray sind vor allem die Porträts verschiedener Großmeister des Ordens von Interesse. Mehrere Gemälde aus dem 18. und 19. Jh. zeigen das alte Gesicht der maltesischen Städte und Landschaften. Maltas bedeutendster Bildhauer, Antonio Sciortino (1883 bis 1947), ist mit mehreren Werken präsent. Als besonders gelungen gelten seine *Arab Horses* und *Charles Lindbergh auf dem Adler*.

Im Kellergeschoß des Museums geben Modelle über Ordensschiffe und ein Modell über das Ordenshospital Aufschluß. Die medizinischen Geräte stammen ebenso aus dem Ordenshospital wie das silberne Geschirr, von dem die Kranken jeden Standes essen durften. Die Ritter wollten damit nicht nur ihre Demut und Nächstenliebe unter Beweis stellen, sondern auch für Hygiene sorgen. *Standardöffnungszeiten, South Street, Valletta*

The Sacred Island (U/D 5)
Eine Multivisions-Show, deren Thema die Religiosität der Malteser durch die Jahrtausende und ihre Festas von heute ist. *Mo–Fr 10, 11.30, 13, 14.30 und 16 Uhr, Sa 10, 11.30 und 13 Uhr, So 10 und 11.30 Uhr, Eintritt 1,50 Lm, Upper Barracca Hall, Castille Square, Valletta*

RESTAURANTS

Baruffa (O)
Gemütlich eingerichtetes Restaurant mit maltesischen Gerichten, viel Fisch und Steaks. *Tgl. 12.30–14.30, abends 17–23 Uhr, Ball Street 27, Paceville, Kategorie 1*

Bouzouki (O)
Griechisch, mit gutem Service. *Mo–Sa 19–23 Uhr, Spinola Road, St. Julian's, Kategorie 1*

Carriage (U/C 4)
Restaurant mit wunderbarem Ausblick über die Dächer von Valletta. *Mo–Sa 12–15.30, Fr und Sa 20–22.45 Uhr, South Street 22/25, Valletta, Kategorie 1*

Cordina (U/D 4)
✝ Im renommiertesten Café der Inselhauptstadt werden auch kleine Gerichte serviert. Hier können Sie Malteser Nougat kaufen. *Tgl. 8.30–20 Uhr, Republic Street 244, Valletta, Kategorie 1*

Giannini (U/C 3)
Gepflegtes Restaurant mit Blick auf Sliema im 2. Stock eines Hauses auf der St. Michael's Bastion. *Tischreservierung erwünscht. Mo–Fr 12.30–14.30 Uhr, Fr und Sa 19.30–22.30 Uhr, im August geschlossen, Windmill Street 23, Valletta, Tel. 23 71 21, Kategorie 1*

Il Fortizza (O)
Pizzeria in einem alten Fort am Meer. *Mo–Fr 12–14.30 Uhr, Mo–Sa 18.30–23 Uhr, Tower Road, Sliema, Kategorie 3*

Il Pirata (O)
Italienisches Restaurant, klein und stimmungsvoll, Spezialität ist frischer Fisch. *Tgl. 11.30–14 und 18–23 Uhr, Triq Paceville 41, Paceville, Kategorie 2*

La Cave (U/D 5)
✺ Weinkeller unterm Hotel Castille, in dem außer Käse zum Wein auch Pizza und Nudelgerichte serviert werden. *Mo–Fr 12–15 und 18–22.30 Uhr, Sa und So 18.30–24 Uhr, Castille Square, Valletta, Kategorie 3*

La Maltija (O)
Kleines Restaurant mit maltesischen Spezialitäten. *Tgl. 18–23 Uhr, Church Street 1, Paceville, St. Julian's, Kategorie 2*

L-Ghonella (O)
Romantisches Restaurant in den Kellergewölben eines Palastes aus der Ordensritterzeit; italienisch-französische und maltesische Küche. *Tgl. außer So 19 bis 22.30 Uhr, Spinola Palace, Triq il-Knisja, St. Julian's, Kategorie 1*

Luciano (U/D 4)
✺ Einfaches Restaurant mit guter Küche. *Tgl. 11.30–14.30 Uhr, Fr/Sa auch 18.30–21.30 Uhr. Merchants Street/Ecke St. John Street, Valletta*

Mangal (O)
Türkisches Spezialitätenrestaurant von hohem Niveau. *Tgl. 19 bis 23.30 Uhr, Tigne Seafront, Sliema, Kategorie 1*

Sala Thai (O)
Ein thailändisches Restaurant am Hafen von St. Julian's. Große Portionen, mild gewürzte Gerichte, zu denen es jedoch auf Wunsch eine scharfe Chili-Sauce gibt. *Mo–Sa 11.30–14 und 18–23 Uhr, So 18–23 Uhr, G. Borg, Olivier Street 83, St. Julian's, Kategorie 2*

San Paolo (U/E 4)
✺ Modernes Familienrestaurant im Marktviertel der Stadt, englisches Frühstück, maltesische Gerichte. *Mo–Sa 6.30–20 Uhr, So 6.30–15 Uhr, St. Paul's Street 249, Valletta, Kategorie 3*

Sumatra (O)
Malaiisch, mit erstklassigem Service und üppigen Hauptgerichten. *Mo–Sa 19–23 Uhr, Triq Spinola 139, St. Julian's, Kategorie 2*

Taj Mahal (O)
Das erste indische Restaurant der Insel. *Mi–Mo 10.30–14 und 18.30–23 Uhr, The Strand 122, Gzira, Kategorie 1*

VALLETTA UND DAS STÄDTISCHE MALTA

Republic Street: Maltas schönste Einkaufsstraße im wehrhaften Valletta

EINKAUFEN

Als Einkaufsstadt ist Valletta noch immer die Nummer eins unter Maltas Ortschaften. Die meisten Geschäfte konzentrieren sich hier auf die *Republic Street* und ihre Seitengassen. Lohnend ist auch ein Bummel über den ★ Straßenmarkt in der *Merchants Street* mit der Markthalle *Is-Suq Tal-Belt* (tgl. außer So 7–14 Uhr), der jedoch mediterranes Flair völlig fehlt. Dafür kauft man hier gut Fleisch, Käse und Gemüse. An jedem Sonntagvormittag findet ein großer Flohmarkt in einem Graben vor den Stadtmauern Vallettas statt, der am Busbahnhof vor dem *City Gate* beginnt. Leider wird immer noch mit Singvögeln gehandelt. Besondere Vorsicht vor Taschendieben! Ein zweites Shopping-Zentrum gibt es in Sliema, vor allem in den Straßen *The Strand* und *Tower Road*.

Galea's Art Studio (U/C 4)
Aquarelle und Drucke mit maltesischen Motiven. *South Street 70, Valletta; Filiale im Hilton Hotel, St. Julian's*

Malta Government Crafts Centre (U/D 4)
Gegenüber der St. John's Co-Kathedrale zeigt dieser staatliche Laden Kunsthandwerk von Malta. Verkäuflich ist nur ein kleiner Teil; bei Interesse erfährt man die Adresse des Herstellers. *16. Juni–30. Sept. Mo–Fr 9–13.30 Uhr; sonst Mo–Fr 9–12.30 und 15–17 Uhr, St. John's Square, Valletta*

Phoenician Glass Blowers (U/A 1)
Glasbläserei, in der man auch einkaufen kann. Wer anruft, wird von einem Boot am Hafen von Sliema abgeholt, man kommt aber auch zu Fuß oder mit einem Fahrzeug hin. *Mo–Fr 8–16.30 Uhr, Sa 8–12.30 Uhr, Tel. 31 36 06, Manoel Island*

Sapienza (U/C 4)
Maltas beste Buchhandlung mit Werken zu maltesischen Themen. *Republic Street 26, Valletta*

The Silversmith's Shop (U/E 3)
Gute Silberfiligranarbeiten, im Laden vom Postkartensammler Maurice Borg hergestellt. *Republic Street 218, Valletta*

Tiara Jewellers (O)
Juwelierbetrieb mit großer Werkstatt. *Tower Road 43, Sliema*

HOTELS

Astoria (O)
Sehr kinderfreundliches, kleines Hotel mit nur 10 Zimmern unter deutscher Leitung, etwa 100 m von der Küstenstraße entfernt. *Point Street 46, Sliema, Tel. 33 20 89, Kategorie 3*

British (U/D 5)
Traditionsreiches Hotel nahe am Grand Harbour, 46 Zimmer, teils mit Panoramablick. *St. Ursula Street 267, Valletta, Tel. 22 47 30, Fax 23 97 11, Kategorie 3*

Carlton (O)
Modernes Hotel mit 47 Zimmern an der Uferstraße. *Tower Road, Sliema, Tel. 31 57 64, Fax 31 67 36, Kategorie 2*

Castille (U/D 5)
Älteres Hotel in sehr zentraler Lage; ideal für Urlauber, die viel mit dem Linienbus unternehmen wollen. *38 Zi. Castille Square, Valletta, Tel. 24 36 77, Fax 24 36 79, Kategorie 2*

Galaxy Hotel & Vacation Club (O)
Hotel- und Apartmentanlage mit 155 Doppelzimmern sowie 79 Apartments mit bis zu drei Schlafzimmern im Zentrum von Sliema, etwa 300 m vom Meer entfernt. Zwei Pools und ein Hallenbad, Nightclub, Squashcourts sowie Fitneßcenter. *Depiro Street, Sliema, Tel. 34 42 05, Fax 34 42 41, Kategorie 2*

Health Farm (O)
Kleines Hotel mit 26 Zimmern in einem alten Jagdschlößchen aus dem 16. Jh. mit Pool, Sauna und Tennisplatz. Die Hotelgäste müssen allerdings auch das Kosmetik- und Diätprogramm dieser Gesundheitsfarm mitmachen. Behindertenfreundlich. *Main Street 62, Tarxien, Tel. 78 64 77, Kategorie 1*

Holiday Inn Crown Plaza (O)
Ein Luxushotel für Sportliche mit Pool, Hallenbad und Diskothek, Tennisplätzen und Squashcourt. Behindertenfreundlich. *182 Zi. Tigne Street, Sliema, Tel. 34 11 73, Fax 31 12 92, Kategorie 1*

Imperial (O)
Stilvolles Haus mit Pool unter britischer Leitung in einer Wohngegend von Sliema, etwa 500 m vom Ufer entfernt. *95 Zi. Rudolph Street 1, Sliema, Tel. 33 00 11, Fax 33 64 71, Kategorie 2*

Midland (U/D 5)
Sehr einfaches Hotel mit eigenem Restaurant sowie einigen Zimmern mit Blick über den Grand Harbour. *10 Zi., Valletta, St. Ursula Street 255, Tel. 23 60 24, Kategorie 3*

Osborne (U/C 4)
Älteres Hotel in zentraler Lage. *60 Zi. South Street 50, Valletta, Tel. 24 36 56, Fax 23 21 20, Kategorie 3*

VALLETTA UND DAS STÄDTISCHE MALTA

Park (O)
Modernes Hotel und relativ ruhig nahe der Uferstraße gelegen. Hallenbad und Pool befinden sich auf der Dachterrasse. Freundlicher Service. *126 Zi. Graham Street, Sliema, Tel. 34 37 80, Fax 34 37 70, Kategorie 1*

Phoenicia (U/B 5)
Renommiertes und traditionsreiches Luxushotel in zentraler Lage. *136 Zi. The Mall, Floriana, Tel. 22 52 41, Fax 23 52 54, Kategorie 1*

Pinto Guesthouse (O)
Familiäre Pension in zentraler Lage, Sonnenterrasse auf dem Dach. *23 Zi. Sacred Heart Avenue, St. Julian's, Tel. 31 38 97, Kategorie 3*

SPORT

Das sportliche Zentrum der Insel ist der Marsa Sports Club. Mitglieder und Gäste können hier auf einem 18-Loch-Platz Golf spielen, Cricket, Tennis und Squash praktizieren sowie Reitpferde leihen oder auch Reitunterricht nehmen *(Auskunft: Tel. 23 38 51)*.

Mehrere Wassersportzentren bieten Möglichkeiten zum Tauchen, Wasserskifahren, Windsurfen, Paragliding, Kanu- und Tretbootfahren. Mitgliedschaften für die Urlaubsdauer bietet der Valletta Yacht-Club an. Als Mitglied kann man vom Club auf Manoel Island Segelboote mieten oder sich Mitsegelgelegenheiten vermitteln lassen *(Auskunft Tel. 33 11 31)*. Computergesteuerte Bowlingbahnen findet man im *Superbowl* in St. Julian's.

Der beliebteste Zuschauersport auf Malta ist das Trabrennen. Die Rennsaison auf dem Marsa Race Track dauert von Mitte Oktober bis Anfang Juni, die Rennen beginnen an jedem Sonntag ab etwa 13 Uhr.

AM ABEND

Das Nachtleben Maltas konzentriert sich auf Sliema und immer mehr auf ★ St. Julian's und Paceville. Valletta hingegen ist abends wie ausgestorben.

Auch Maltas einziges *Spielkasino* steht in St. Julian's nahe dem Hotel *The Westin Dragonara Palace* direkt am Meer. Gespielt werden *Roulette, Chemin de Fer, Black Jack* und *Boule*; in einem Nebentrakt wird auch *Bingo* angeboten. Einarmige Banditen gehören selbstverständlich auch zu den Möglichkeiten, Geld zu verlieren. Im Spielkasino herrscht Ausweis- und Krawattenpflicht. Im Restaurant des Kasinos, dem *Marquis Room*, kann zum Dinner getanzt werden. *Kasino tgl. 20.30 bis 2 Uhr, Marquis Room tgl. 20.30 bis 22.30 Uhr*

Groß ist das Angebot an Diskotheken. Auch die zu Hotels gehörigen sind öffentlich zugänglich. Besonders beliebt sind *Euphorbia II (*im Hotel *Eden Beach, Triq San Georg, St. Julian's)* und *Dewdrops (Ball Street, St. Julian's)*. Ein modernes Kinozentrum mit 14 Kinos steht beim Hotel *Eden Beach*.

Vor allem in Sliema, St. Julian's und Paceville gibt es auch eine Reihe von Pubs im britischen Stil. Das originellste ist wohl *The Plough & Anchor Guy's Bar*, dessen Wirt anthropomorphe Bierkrüge sammelt, sehr viele *Malt Whiskies* und insgesamt über 400 verschiedene Spirituosen führt *(Main Street 1, St. Julian's)*.

Über *Theateraufführungen* und *Konzerte*, die gelegentlich im *Manoel Theatre* oder im *Mediterranean Conference Centre* stattfinden, informieren die Hotels.

AUSKUNFT

Tourist Information Office
City Gate Arcades (unmittelbar neben dem City Gate), Valletta, Tel. 23 77 47

ZIELE IN DER UMGEBUNG

Hypogäum **(116/C 3)**
Das Hypogäum in Paola ist Maltas wohl erstaunlichstes Bauwerk. Es ist die einzige vollständig erhaltene Kultstätte aus der Jungsteinzeit, also aus einer rund 5000 Jahre zurückliegenden Zeit. Anders als die oberirdischen Tempel und Gräber hat es die Zeiten weitgehend unversehrt überdauert – denn das Hypogäum ist in die Erde hineingebaut. Auf einer Grundfläche von 500 Quadratmetern sind drei Geschosse bis zu 14 m tief aus dem Fels herausgearbeitet worden. Man findet Gänge und Hallen, Kammern und Nischen, Stufen und Reste von Wandmalereien. Als Motive überwiegen Ranken und Spiralen. Viele Gestaltungsformen erinnern an Bauelemente, die auch bei den oberirdischen neolithischen Tempeln zu finden sind. Es gibt Orthostaten und Trilith-Nischen, Orakellöcher und sogar ein Anbindeloch für Opfertiere.

Entdeckt wurde das Hypogäum ganz zufällig beim Ausschachten einer Zisterne im Jahr 1902. Die herbeigerufenen Archäologen fanden in dem unterirdischen Labyrinth etwa 7000 Skelette und Skelettreste von mehr als 20 000 weiteren Toten – das Hypogäum muß also eine ausgedehnte Begräbnisstätte gewesen sein. Einige Wissenschaftler vermuten, daß all diese Räumlichkeiten im Schoß der Mutter Erde auch eine Initiationsstätte für Priesterinnen waren, die in den oberirdischen Tempeln der großen Muttergottheit, der *Magna Mater*, dienten. Man hat im Hypogäum Statuetten zweier schlafender Frauen gefunden, darunter die berühmte *Schlafende Venus*, die heute im Archäologischen Nationalmuseum von Valletta ausgestellt ist. Haben so die Priesterinnen gewisse Zeit im Hypogäum verbracht, damit im Schlaf der Geist der Gottheit in sie einfuhr? Eine sichere Antwort auf diese Frage wird es nie geben. 1992 ist das Hypogäum auf unbestimmte Zeit geschlossen worden, weil die Besucherströme mit ihrem Atem insbesondere die erhaltenen Wandmalereien zu stark gefährdeten. Von außen erhält der Besucher keinerlei Eindruck, so daß sich Fahrt oder Gang zum Hypogäum zur Zeit nicht lohnen. Postkarten und Bildbände vermitteln einen guten Eindruck von dieser archäologisch so bedeutenden Stätte.

Rinnella Movie Park **(117/E 2)**
Hollywood auf Malta: In ehemaligen Filmstudios soll ein großer Vergnügungspark entstehen. *Fort St. Rocco bei Santu Rokku, Eröffnung Sommer 1998, Öffnungszeiten bei Drucklegung noch unbekannt*

Senglea **(117/D 2)**
Senglea (4500 Ew.) ist ein lebhaftes Städtchen mit hohen, größ-

VALLETTA UND DAS STÄDTISCHE MALTA

Vallettas Nachbarstadt Senglea

tenteils nach dem Zweiten Weltkrieg im alten Stil wieder aufgebauten Wohnhäusern, die vor allem Werft- und Hafenarbeitern ein Zuhause bieten. Die einzige Sehenswürdigkeit ist die *Vedette* an der äußersten Spitze der Halbinsel, auf der die Stadt liegt. ❀ Der kleine Wachtposten hoch über dem Grand Harbour ist einer der schönsten Aussichtspunkte im städtischen Malta; die an ihm angebrachten Halbreliefs zweier Augen und zweier Ohren sollen die Wachsamkeit der Verteidiger Maltas symbolisieren. *Frei zugänglich*

Tarxien (117/D 3)

★ Inmitten moderner Bebauung liegen im Städtchen Tarxien (7300 Ew.), das nahtlos mit Paola zusammengewachsen ist, die eindrucksvollen Überreste der größten maltesischen *Tempelanlage*. Sie besteht aus sechs Einzeltempeln, die zwischen 3800 und 2500 v. Chr. entstanden sind. Drei davon sind gut erhalten und teilweise sogar rekonstruiert, von den übrigen dreien sind nur noch Spuren aufzufinden.

Man betritt zunächst den Vorhof des sogenannten Südwesttempels. Klar zu erkennen sind hier einige wie Kanonenkugeln wirkende Steine, die den Menschen der Jungsteinzeit als Transportwalzen für das Herbeischaffen der schwergewichtigen Steinblöcke dienten. Am östlichen Ende des Vorhofs liegt ein flacher Stein mit hohem Rand und sechs Löchern im Boden. Er diente der Aufnahme flüssiger Opfergaben, die durch die Löcher in die Erde geleitet wurden.

Betritt man nun den Tempel durch den markanten Trilitheingang, steht man in der ersten Tempelnière. Sie wird von einem annähernd rechteckigen Hof im Zentrum und zwei nach links und rechts abgehenden Apsiden gebildet. Hier stehen Kopien mehrerer mit Ranken-, Spiralen- und Wellenreliefs überzogenen Altäre sowie die Kopie der größten Magna-Mater-Statue Maltas, deren Original sich im Archäologischen Museum von Valletta befindet. Besondere Aufmerksamkeit verdienen die Altäre mit den Tierreliefs in der linken Apside. Der eine zeigt eine Doppelreihe von 22 Schafen und Ziegen, der andere sechs Tiere, die man als Widder, Schwein, Schafe und Ziegen identifizieren kann.

In einem anderen Raum des Tempelkomplexes, der durch ein modernes Schutzdach klar erkennbar ist, befindet sich schließlich noch die Kopie des Reliefs aus dem Archäologischen Nationalmuseum, das eine 13 Ferkel säugende Sau zeigt.

Viele weitere Details, die typisch für maltesische Tempel sind, können auch in Tarxien ausgemacht werden. Da gibt es ein großes Steingefäß, in dem vielleicht das Blut der Opfertiere aufbewahrt wurde, und eine runde Steinschale mit Brandspuren, in der vielleicht das Fleisch der Opfertiere verbrannt wurde. Man entdeckt Löcher, an denen Opfertiere festgebunden werden konnten und andere, sich gegenüberliegende, in denen wahrscheinlich Balken als Absperrungen lagerten. An einigen Stellen hat sich auch noch der ursprüngliche Torbaboden erhalten, ein Gemisch aus gemahlenem Globigerinenkalk, der die gängigen Bodenbelag aller Tempel bildete. *Standardöffnungszeiten, Neolithic Temples Street*

Vittoriosa (Birgu) (117/D 2)
★ Bevor die Ordensritter Valletta gründeten, residierten sie in Birgu, dem heutigen Vittoriosa. Nicht Valletta, sondern Birgu war das Ziel der türkischen Belagerung im Jahre 1565.

Hauptstädtisch gibt sich Vittoriosa (4000 Ew.) heute überhaupt nicht mehr. Die Bewohner sind überwiegend als Schauerleute und Dockarbeiter im Hafen tätig. Vittoriosa ist eine oft süditalienisch anmutende Wohnstadt, in der einige historische Denkmäler aus der Ritterzeit verstreut liegen. Wie wenig man hier an Fremde denkt, zeigen auch die Straßenschilder: die alten, leichter zu merkenden englischen Straßennamen wurden alle durch maltesische ersetzt. Vittoriosa erstreckt sich auf einer Halbinsel zwischen dem Kalkara und dem Dockland Creek. An ihrer äußersten Spitze steht das *Fort St. Angelo,* von den Ordensrittern vor der Großen Belagerung erbaut. Hier standen einst schon eine byzantinische und eine arabische Burg. *Besichtigung Sa 10–14 Uhr (Juni bis Sept. 9–13 Uhr), Eintritt 50 c*

Auf der Landseite ist Vittoriosa durch eine mächtige Mauer

Vittoriosa: ein Fluchtpunkt aus dem touristischen Alltag

VALLETTA UND DAS STÄDTISCHE MALTA

geschützt. Durch das Tor der Provence *(an dem auch der Linienbus hält)* gelangt man auf die Hauptstraße des Städtchens, die Triq il-Mina L-Kbira. An ihr liegt als bedeutendstes Gebäude Vittoriosas der *Inquisitorenpalast*. Man besichtigt den Gerichtssaal, in den der Angeklagte durch eine besonders niedrige Tür geführt wurde, damit er sich beim Eintritt demütig ducken mußte, sieht den Gefängnishof, Gefängniszellen und den Galgenhof. Bis 1798 walteten hier insgesamt 62 vom Papst eingesetzte Inquisitoren ihres Amtes; über die Zahl ihrer Opfer liegen keine Angaben vor. *Standardöffnungszeiten*

Die Hauptstraße führt weiter zum Hauptplatz des Städtchens, dem Misrah Ir-Rebha.

Von hier sind es nur wenige Schritte hinunter zum Dockyard Creek mit der Pfarrkirche *San Lawrenz* und dem *Oratorju San Guzepp*. Im Oratorium ist neben Gegenständen aus dem Privatbesitz von Rittern eine aus Rhodos mitgebrachte Ikone der Liebkosenden Gottesmutter zu sehen; das Altarbild in der Kirche stammt von Mattia Preti. Neben der Kirche erinnert nahe dem Ufer das Freiheitsdenkmal *(Freedom Monument)* an den Abzug der letzten britischen Soldaten von Malta im Jahre 1979. Von den erhaltenen oder nach dem Zweiten Weltkrieg wieder aufgebauten Gebäuden aus der Ritterzeit, die alle nur von außen betrachtet werden können, ist das ehemalige *Ordenshospital* an der Triq Il-Miratur sehr eindrucksvoll. Es entstand bereits 1532 als einer der ersten Bauten der Ordensritter und diente ab 1652 als Benediktinerinnenkloster.

Weitere Bauten aus der Ritterzeit, alle durch Marmortafeln an der Hauswand gekennzeichnet, sind in der Straße Triq Hilda Tabone die *Auberge de France* (Hausnummer 24/27), die *Auberge de Castille* (Nr. 57), die *Auberge de Portugal* (Nr. 59) und die *Auberge d'Auvergne et de Provence* (Nr. 17/23) sowie in der Triq Mistral die *Auberge d'Angleterre* (Hausnummer 39/40). Erwähnenswert sind auch noch der *Bischofspalast* aus dem Jahre 1615 in der Triq Il-Palazz Tal-Isqof und das *Normannenhaus* aus dem 16. Jh. mit Bauteilen aus dem 12. Jh. in der Triq Il-Tramuntana 11. Nahe dem Freiheitsdenkmal vor der Kirche *San Lawrenz* zeigt das Maritime Museum *(Standardöffnungszeiten)* in einer alten Bäckerei der Royal Navy Dokumente, Schiffsmodelle, Waffen, Gemälde und traditionelle maltesische Boote.

Zabbar (117/D–E 3)

Das am östlichen Rande des städtischen Maltas gelegene Zabbar (11000 Ew.) war schon in der Zeit der Ordensritter ein bedeutender Marienwallfahrtsort. Im kleinen Museum der Barockkirche *St. Marija ta Grazzia* sind Weihegaben zu sehen, die die Ritter der Gottesmutter von Zabbar verehrten: Votivbilder, Modelle von Ordensschiffen, Sänften der Großmeister und sogar die Kutsche des Großmeisters Alof de Wignacourt aus dem frühen 17. Jh. Am Rande des Ortes ließ sich der einzige deutsche Großmeister des Ordens, Ferdinand von Hompesch, noch kurz vor seiner Kapitulation vor Napoleon einen prächtigen Triumphbogen, den *Hompesch-Bogen*, errichten.

MARSASCALA UND MALTAS SÜDOSTEN

Es war einmal ein Fischerdorf

Über Maltas Südosten weht schon ein Hauch von Afrika

Maltas Südosten ist für den Fremdenverkehr noch wenig erschlossen. Es gibt hier auch nur einen einzigen Ort mit nennenswerter touristischer Zukunft: Marsascala (4000 Ew.). Das kleine ehemalige Fischerdorf liegt an einer fjordartigen, von niedriger Felsküste gesäumten Bucht, die weit ins Land eingreift, und auf einem flachen Hügel, der hinüberreicht bis an die St. Thomas Bay, den Hauptbadeplatz des Ortes. Marsascala ist vor allem bei jungen Maltesern als Wohnort in Mode gekommen; für das Jahr 2005 rechnet man mit über 11 000 Einwohnern.

Nur ein paar Kilometer südlich von Marsascala hatte eine der größten Buchten Maltas, die Marsaxlokk Bay, auch einmal gute Aussichten, zu einer Erholungslandschaft zu werden. Marsaxlokk ist mit seinen vielen bunten *Luzzus* und mehreren größeren Fischkuttern noch immer ein beliebtes Ausflugsziel. Ausgerechnet in diese idyllische Landschaft hat die maltesische Regierung aber das zweite Kraftwerk der Insel gesetzt, das mit seiner Leistung von 120 MW einen erheblichen Teil der Inselstromversorgung trägt. Und ebenfalls in dieser Bucht ist in Kalafrana bei Birzebbuga ein gewaltiger neuer Hafen entstanden, der problemlos auch von den größten Schiffen der Welt angelaufen werden kann.

Das Hinterland der beiden Buchten ist überwiegend eben. Eine ideale Voraussetzung zur Anlage von Flugplätzen. Beide, Hal Far und Luqa, wurden von den Briten schon im Zweiten Weltkrieg genutzt. Hal Far wird heute als Industriegelände erschlossen, Luqa dient inzwischen als Maltas internationaler Zivilflughafen. Im Süden fällt die Küste dieses Inselteils steil und schroff zum Meer hin ab. Hier ist Maltas Natur besonders attraktiv. Es gibt Höhlen mitten in den steilen Klippen wie die von Ghar Hassan oder auch Grotten auf Meereshöhe wie die Blaue Grotte, die ebenso romantisch ist wie ihr viel besungenes Gegenstück auf der italienischen Insel Capri. Zugleich stehen

Hier leben die Malteser wirklich noch vom Fischfang: Fischer in Marsaxlokk beim Legen ihrer Netze

MARCO POLO TIPS FÜR MARSASCALA UND MALTAS SÜDOSTEN

1 Hagar Qim und Mnajdra
Jungsteinzeitliche Tempel in herrlicher Lage nahe dem Meer (Seite 57, 58)

2 Ghar Hassan
Ein altes Seeräuberversteck (Seite 56)

3 Blaue Grotte
Eine Bootsfahrt entlang der Steilküste (Seite 55)

4 Hafen von Marsaxlokk
Der Hafen mit den bunten Booten — Motiv von fast allen Werbefotos der Tourismusbranche für Malta (Seite 58)

5 Fisherman's Rest
Fisch essen unter Einheimischen an der St. Thomas Bay (Seite 54)

---

ganz in der Nähe die beiden landschaftlich am schönsten gelegenen Tempel der Insel, Hagar Qim und Mnajdra.

Damit ist eine Fahrt entlang der Buchten und der Steilküste des maltesischen Südostens auf jeden Fall einen Tagesausflug wert — und Marsascala als Urlaubsort eine Alternative für den, der stadtnah und doch ruhig und ländlich wohnen möchte.

MARSASCALA

(117/E–F 3–4) Das Leben in Marsascala spielt sich vor allem rund um das innere Buchtende ab. Hier sind die meisten Bars und Restaurants sowie ein modernes Kinozentrum mit vier Sälen angesiedelt. Ein schöner Spaziergang führt an der Südseite des Fjords auf der Uferstraße bis zum Hotel Jerma Palace, wo zugleich auch die einzigen Sehenswürdigkeiten des Ortes liegen. Hier kann man gut von den Felsen aus baden. Der Hauptstrand von Marsascala liegt an der 2 km entfernten St. Thomas Bay *(Linienbusverbindung)*, wo sich die Sonnenhungrigen auf einem winzigen Sandfleck, auf Beton- und Felsterrassen tummeln.

BESICHTIGUNG

St. Thomas Tower
Die windgeschützte Bucht von Marsascala diente den Korsaren des späten Mittelalters häufig als Landungsplatz. Deswegen ließen die Ordensritter hier 1614 einen mächtigen Wachtturm errichten, der heute als Restaurant dient. *Direkt gegenüber dem Hotel Jerma Palace*

RESTAURANTS

Beluga
Modernes Fischrestaurant am inneren Ende der Bucht. *Tgl. 18 bis 24 Uhr, im Winter auch 12 bis 14 Uhr, Triq il-Gardiel, Kategorie 1*

Fisherman's Rest
★ ❂ Sehr uriges Fischrestaurant an der St. Thomas Bay, vor allem

MARSASCALA UND MALTAS SÜDOSTEN

bei Einheimischen beliebt. Eine Tischreservierung ist unbedingt empfehlenswert. *Di–Sa 19–23 Uhr, So 12–15 Uhr, Tel. 82 20 49, Kategorie 2*

Sharazad
Authentisches libanesisches Restaurant. *Mi–Mo 19–23, Fr–So auch 12.30–14.30 Uhr, Pjazza Mifsud Bonnici, Kategorie 1*

HOTELS

Jerma Palace
Großes und vollklimatisiertes Strandhotel mit 344 Zimmern, beheizbarem Pool und Hallenbad, sechs Bars, Restaurants und Diskothek; viele Wassersportmöglichkeiten. Behindertenfreundlich. *Dawret it-Torri, Tel. 82 32 22, Fax 82 94 85, Kategorie 1*

Ta Monita
Kleine Apartmentanlage mit Pool über der Bucht von Marsascala. *Tel. 82 78 82, Fax 68 40 36, Kategorie 3*

ZIELE IN DER UMGEBUNG

Birzebbuga (117/D 5–6)
Der größte Ort an der Marsaxlokk Bay (6500 Ew.) liegt auf einer kleinen Halbinsel mit den begrenzenden Buchten *Pretty* und *St. George's Bay*. Beide bieten kleine, meist übervolle Sandstrände, an denen man im Anblick von Uferstraße, Bohrinseln und Schiffen, die den nahen Großhafen von Kalafrana anlaufen, leicht an der Wasserqualität zu zweifeln beginnt.

Blaue Grotte (116/A 6)
★ Die Blaue Grotte erreicht man nur per Boot. Kleine Fischerboote fahren bei gutem Wetter ständig vom *Wied iz-Zurrieq* aus hin. Die vorübergleitende Steilküste, auf der sich als einziges Bauwerk der 1637 errichtete Wachtturm *Torre Sciuto* erhebt, ist allein schon eindrucksvoll. Das Boot läuft mehrere Grotten an, in denen nicht nur die Reflexion des Lichtes, sondern auch viele orangefarbene Algen für ein abwechslungsreiches Farbenspiel sorgen. Die größte dieser Grotten ist mit 30 m Höhe und 90 m Umfang die Blaue Grotte, in der die Lichteffekte besonders stark wirken. *Dauer der Bootsfahrt 20–30 Minuten, der Lichteinfall ist jedoch vormittags am besten, Preis je nach Auslastung des Bootes ca. 2,50 Lm*

In der Vormittagssonne am schönsten: die Blaue Grotte

Delimara-Halbinsel (117/E-F 5-6)

Die langgestreckte Halbinsel, die die Marsaxlokk Bay nach Osten hin begrenzt, bietet zum offenen Meer hin einige schöne kleine Felsbuchten. Lieblingsbadeplatz des ehemaligen Ministerpräsidenten Dom Mintoff war *St. Peter's Pool*; nicht minder reizvoll sind auch *Long Bay* und *Slugs Pool*. Alle liegen am offenen Meer und leiden darum nicht unter dem neuen Kraftwerk, der *Delimara Power Station*, die die Landschaft an der Westseite der Halbinsel leider arg verschandelt hat. Das von den Briten im 19. Jh. erbaute Fort und der Leuchtturm nahe der Südspitze von Delimara können nicht besichtigt werden.

Ghar Dalam (117/D 5)

Die *Höhle der Finsternis* ist Maltas bedeutendste Fundstelle fossiler Tierknochen. Sie öffnet sich zu einem Trockenflußtal hin, dem *Wied Dalam*, und führt sich verästelnd etwa 200 m weit in die Erde hinein. Der vordere Teil ihres Hauptgangs ist beleuchtet und bequem zu begehen. In der Höhle, die zwischen 1865 und 1938 erforscht wurde, fand man zahlreiche Knochen ausgestorbener Tiere, die auf Malta zum Teil noch bis vor etwa 10 000 Jahren lebten. Dazu gehörten Zwergelefanten, deren Höhe nicht größer als Bernhardiner waren, zwei verschiedene Arten von Flußpferden, Rotwild, Wölfe, Füchse, Bären, Kröten und Schlafmäuse. Daraus konnte geschlossen werden, daß während der Eiszeiten eine Landbrücke zwischen Malta und dem heutigen Italien bestand, über die die Tiere auf der Flucht vor dem Eis gen Süden zogen. In höheren Schichten fanden die Forscher in der Höhle von Ghar Dalam aber auch einige der älteren Keramikscherben des Archipels, die für eine Erstbesiedlung der Inseln um 5200 v. Chr. sprechen.

Im Höhlenboden kann man heute noch zahlreiche Tierknochen erkennen, die bisher jedoch nicht ausgegraben wurden. Im kleinen Museumsraum im Kassenhaus sind einige der Funde aus Ghar Dalam ausgestellt; die intakten Skelette sind allerdings erst ein paar Jahre alt und sollen allein zu Vergleichszwecken dienen. *Standardöffnungszeiten, rechts der Straße von Valletta Richtung Birzebbuga, kurz vor dem Ortsanfang von Birzebbuga*

Ghar Hassan (117/D 6)

★ ⚡ Maltas schönste Höhle öffnet sich etwa 70 m über dem Meeresspiegel in einem senkrecht ins Wasser abfallenden Kliff. Ein schmaler Pfad führt am Steilabfall entlang hin; die Höhle selbst ist naturbelassen und unbeleuchtet. Der Boden ist manchmal glitschig, die niedrige Decke zwingt an mehreren Stellen zu äußerster Vorsicht. Großartig ist der Blick, den man nach dem Spaziergang durch die Höhle von einer zweiten Höhlenöffnung aus aufs Meer und den noch zu Malta gehörenden Felsen *Filfla* hat. Er diente früher der britischen Marine für Zielübungen; heute ist er striktes Naturschutzgebiet.

Der Name der Höhle leitet sich von einer örtlichen Legende ab. Sie soll einem Sarazenen nach der Rückeroberung der Insel durch die Christen als Versteck gedient haben. Hier traf er

MARSASCALA UND MALTAS SÜDOSTEN

sich auch mit seiner maltesischen Geliebten. Als ihre zarten Bande entdeckt wurden, stürzten sich beide aus der Höhle ins Meer. *Ständig zugänglich; Taschenlampen werden gegen ein Trinkgeld am Parkplatz verliehen*

Hagar Qim (116/A 6)
★ Der Tempelkomplex in Hagar Qim, landschaftlich besonders schön zwischen Feldern und dem Meer gelegen, macht mit nahezu allen Merkmalen bekannt, die die maltesischen Tempel der Jungsteinzeit auszeichnen. Man staunt nicht nur über die gewaltige technische Leistung der Tempelbauer vor rund 5000 Jahren, die ja weder Metallwerkzeuge noch Seilzüge kannten, sondern auch über ihr feines ästhetisches Empfinden.

Beim ersten Anblick der Tempelanlage fällt ein einzelner, mit 6,40 m ungewöhnlich hoher Steinklotz auf. War er ein Phallussymbol für die Fruchtbarkeit schlechthin? Bei näherer Betrachtung erkennt man gleich neben ihm den größten Stein, der überhaupt für einen Tempel auf Malta gebraucht wurde. Er ist über 4 m hoch, 7 m lang und 60 cm dick. Sein Gewicht wird auf über 20 Tonnen geschätzt.

Die Fassade des Haupttempels von Hagar Qim beeindruckt nicht durch Größe, sondern durch Gleichmaß und Schönheit. Durchschreitet man den Eingang, befindet man sich in der ersten Tempelniere. Hier fallen sorgfältig geformte Fenstersteine auf, die den Zugang zu den beiden Seitenkammern bildeten. Zugleich erkennt man einige Blockaltäre, die über und über mit einem Dekor aus eingehämmerten Punkten verziert sind. Hier steht eine Kopie des berühmten Altars von Hagar Qim, dessen Original ins Nationalmuseum von Valletta gebracht wurde: auf allen vier Seiten trägt er Reliefs, die eine Pflanze zeigen, die aus einem Gefäß herauswächst – auch das sicherlich ein Fruchtbarkeitssymbol.

Ein Stück weiter sieht man zwei tischartige Altäre, die durch ihre Form an Pilze erinnern. Ganz markant sind die sogenannten Trilithnischen, die aus zwei senkrecht stehenden und einer waagerecht darüberliegenden Steinplatte bestehen. Alle Altäre zusammen legen den Schluß nahe, daß Opferhandlungen in den neolithischen Tempeln wohl eine ganz wesentliche Rolle spielten.

Wahrscheinlich wurden in den Tempeln auch Orakel verkündet. So jedenfalls deuten Wissenschaftler das Oval aus niedrigen Steinplatten in der Nordostecke des Tempelkomplexes. In einer dieser Steinplatten nämlich entdeckt man etwa 40 cm über dem Boden ein Loch, das die Verbindung zu ei-

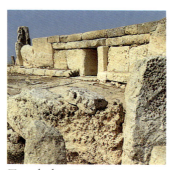

Tempelanlage Hagar Qim

nem winzigen, dahinter liegenden Raum darstellte. Dort saß wahrscheinlich eine geweihte Priesterin, welcher die im Oval Versammelten lauschten. *Standardöffnungszeiten*

Von Hagar Qim sind es nur etwa 500 m in Richtung Meer bis zum Tempel von *Mnajdra*, dessen Besuch man sich auf keinen Fall entgehen lassen sollte. Den Tempeln von Hagar Qim steht unmittelbar ein kleines *Restaurant* gegenüber, dessen beliebte wohlschmeckende Spezialität Oktopus in Brandy-Sauce ist *(Kategorie 2)*.

Marsaxlokk (117/E 4–5)

★ Marsaxlokk (5000 Ew.) ist Maltas wichtigstes Fischerstädtchen. Farbenfroh gestrichene Boote liegen in der Bucht, am Kai und zwecks Reparatur oder neuen Anstrichs auch an Land; Fischer flicken am Ufer ihre Netze oder legen sie zum Trocknen aus. Dieser wohl idyllischste Ort Maltas lohnt jederzeit den Besuch – besonders aber am Sonntagvormittag, wenn entlang des Hafens auch noch Maltas größter Wochenmarkt stattfindet. Dort wird mit allem gehandelt: Fisch, Gemüse, Jeans, Elektronik, Souvenirs, Büchern, Spirituosen und vielem mehr.

Fast ein Dutzend kleiner Restaurants und Snackbars entlang der Uferstraße bieten vor allem frischen Fisch an. Besonders nobel ist *Hunter's Tower* in der Südwestecke des Hafens *(tgl. 12.30 bis 14.30, Di-Sa auch 19.30–22.30 Uhr, Kategorie 1);* ebenso gut ißt man aber auch im *Pisces* an der Uferstraße *(tgl. 11–15 und 18–22 Uhr, Xatt Is-Sajjieda 5/6, Kategorie 2).* Bisher gibt es nur ein Hotel, das *Golden Sun* an der Straße nach Delimara *(Triq il-Wilga, Tel. 87 17 62, Kategorie 2).*

Mnajdra (116/A 6)

★ Maltas dem Meer am nächsten gelegener Tempelkomplex ist überraschend klar gegliedert. Anders als in Tarxien und Hagar Qim sind hier *Einzeltempel* aus verschiedenen Jahrhunderten nicht miteinander verbunden worden, sondern klar unterscheidbar nebeneinandergesetzt. Steht man vor ihnen, erkennt man ganz rechts den kleinsten und ältesten aus der Zeit zwischen 3500 und 3000 v. Chr. Daran schließt sich der jüngste der drei Tempel an, der immerhin noch etwa 4800 Jahre alt ist, und ganz links folgt schließlich ein Tempelbau aus der Zeit um 3000 v. Chr. Dieser linke Tempel ist besonders interessant. In seinem nierenförmigen Hauptraum erkennt man noch gut die Dachform solcher Bauten. Das hier bis zu einer Höhe von 4,30 m erhaltene Mauerwerk aus waagerecht liegenden Großsteinen kragt Schicht für Schicht über wie ein umgestülpter Bienenkorb. Wahrscheinlich ent-

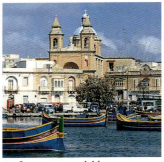

Hafen von Marsaxlokk

MARSASCALA UND MALTAS SÜDOSTEN

Tempelkomplex Mnajdra

stand durch dieses vorkragende Mauerwerk aber dennoch keine Kuppel, sonst hätten entsprechende Steine gefunden werden müssen. Eher wäre es möglich, daß der oberste Teil des Tempels durch eine Konstruktion aus Holzbalken und Lehm eingedeckt gewesen ist.

Sehr schön sind in diesem Tempel die Fenstersteine, die hier mehrfach von Trilithnischen eingerahmt sind. Viele der Steine sind mit einem Punktdekor überzogen, das bei entsprechendem Sonnenlichteinfall reizvolle Schatten wirft.

Im mittleren Tempel mit seinem sorgfältig erbauten Mauerwerk steht in zwei Nischen je ein etwa 30 cm hoher Steinblock. Sie werden gelegentlich als Schlachtblöcke für Opfertiere interpretiert. *Standardöffnungszeiten; Ticket für Hagar Qim gilt auch für Mnajdra*

Mqabba (116/B 4)

Der Ort (2100 Ew.) liegt inmitten riesiger, tiefer Steinbrüche, in denen der Globigerinenkalk für Maltas Hausbau gewonnen wird. Ein Besuch der Steinbrüche, die alle in Privatbesitz sind, ist zwar nicht möglich, doch bleibt ein Blick von oben hinunter sicherlich in Erinnerung.

Wied iz-Zurrieq (116/A 6)

Der kleine Weiler am Meer war früher nur der Bootsliegeplatz für Fischer aus dem Dorf Zurrieq. Heute herrscht hier im Sommer immer viel Betrieb, da von hier aus die Bootsfahrten zur Blauen Grotte starten.

Zejtun (117/D–E 4)

Das große Dorf im Binnenland (10 500 Ew.) besitzt zwei sehenswerte Kirchen. *St. Grigor* ist ein wehrhaft wie eine Festung wirkender Bau aus dem frühen 15. Jh. *Keine Innenbesichtigung möglich. Gelegen an der Straße von Zejtun nach Tas Silg.*

Heute ist *St. Katharina* die Pfarrkirche der Gemeinde. Sie stammt aus dem frühen 18. Jh. und wurde nach Plänen des Architekten Lorenzo Gafà erbaut. In ihrer Sakristei ist ein Triptychon eines unbekannten volkstümlichen Malers aus dem Jahre 1604 zu finden, die *Filfla Madonna*. Das Werk wird so genannt, weil es ursprünglich aus einer Höhlenkapelle auf der unbewohnten Insel Filfla stammt. *Frei zugänglich, im Ortszentrum*

Zurrieq (116/B 5)

In der Pfarrkirche *St. Katharina* dieses großen Dorfes (7000 Ew.) sind zahlreiche Spätwerke des berühmten Malers Mattia Preti und einiger seiner Schüler zu sehen. Zu den hervorragenden Gemälden Pretis in dieser Kirche gehören der hl. Andreas am Andreaskreuz und die hl. Katharina auf dem Nagelrad. *Frei zugänglich, im Ortszentrum*

MDINA UND RABAT – MALTAS MITTE

Geschichte im Herzen der Insel

Bevor die Ordensritter kamen, lag Maltas Hauptstadt im Zentrum des Eilands

Mdina ist einzigartig unter Maltas Städten. Es ist das Gegenstück zu Valletta. Von den Mauern Vallettas aus sind die Hafeneinfahrten und das Meer gut zu überblicken. Von Mdina aus sieht man weite Teile der Insel, die See bildet dabei nur den Hintergrund. Aus den schmalen Straßen Vallettas läßt sich der Autoverkehr kaum verbannen, in den Gassen Mdinas sind Motorengeräusche eine Seltenheit. Valletta ist das lebendige Herz und Einkaufszentrum der Insel; Mdina gilt als die *Stille Stadt*, in der die Anzahl der Kirchen, Klöster und Paläste die der Geschäfte noch übertrifft. Mdina ist die alte Stadt des maltesischen Adels, während Valletta das Flair der Ordensritterzeit mit moderner Geschäftigkeit vermengt.

In all den Jahrhunderten vor der Ankunft der Ordensritter befand sich das Zentrum der Insel viel weiter landeinwärts. Schon die Römer hatten ihre Hauptstadt *Melite* auf einem tafelbergartigen Ausläufer des Dingli-Plateaus angelegt, das an seiner Spitze auf drei Seiten steil zur tiefer liegenden Ebene abfällt. Auf dieser Spitze steht heute noch weithin sichtbar Mdina (500 Ew.), an das sich Rabat (13 000 Ew.) auf der dahinterliegenden Hochebene fast nahtlos anschließt. Anders als das stille Mdina ist Rabat jedoch ein lebhaftes Landstädtchen mit echter südländischer Atmosphäre. Beide Städte werden voneinander durch eine Art Niemandsland vor dem Haupttor Mdinas getrennt, das außer vom Parkplatz und von Ödflächen durch die kleinen *Howard Gardens* ausgefüllt wird.

Hier stehen auch immer ein paar Kutschen bereit, um den Besucher zeitgemäß durch die Gassen Mdinas zu fahren. Der breite Graben vor der Stadtmauer wird auf einer von Löwen flankierten Brücke überquert. Ein repräsentatives Tor gewährt Einlaß in die Stille Stadt, in der man sich leicht ein paar Jahrhunderte zurückversetzt wähnen kann. Abgesehen von der Kathedrale sind es weniger die Einzelbauten, die beeindrucken, als vielmehr das

Die Stadt des maltesischen Adels: Mdina, ein Ort der Ruhe

Gesamtensemble der Paläste und Mauern, Gassen, Winkel und Plätze. Details fallen ins Auge, schmuckvolle Türklopfer und stilvolle Laternen, verspielte Portale an strengen Fassaden, hölzerne Erker und überraschende Innenhöfe. Grandios ist der Blick von den Stadtmauern auf Mosta und das städtische Malta, in dem versteckt in der Ferne auch Valletta zu finden ist.

Nach dem Besuch Mdinas wirken die Howard Gardens im Niemandsland wie eine Schleuse, durch die man sich wieder der Gegenwart nähert. Aber auch ein Besuch Rabats ist ein Gang in die Geschichte. Sie liegt hier allerdings zum größten Teil unter der Erde, in weitläufigen Katakomben, die immer noch nicht vollständig erforscht sind. Jene, die man besichtigen kann, erzählen viel aus der Frühzeit des Christentums. Mdina und Rabat sind hervorragende Ausgangspunkte für (Wander-)Touren in die Natur. Die schöne Steilküste der Dingli Cliffs ist nahe, und die *Buskett Gardens*, Maltas einziges Wäldchen, sind fast so etwas wie ein Stadtpark von Rabat. Wer das Meer nicht in seiner unmittelbaren Nähe braucht, wählt mit Mdina/Rabat zwar einen ungewöhnlichen, aber reizvollen Urlaubsort der Insel.

Mdina mit der Kathedrale: nach dem Erdbeben 1693 wieder aufgebaut

MDINA UND RABAT – MALTAS MITTE

MARCO POLO TIPS FÜR MALTAS MITTE

1 Mdina
Maltas schweigende Stadt hat sich seit Jahrhunderten kaum verändert (Seite 65)

2 Katakomben in Rabat
Geheimnisvolle frühchristliche Totenstädte mit Tischen und Wandmalereien (Seite 66, 67)

3 Dingli Cliffs
Natur pur und frische Seeluft (Seite 70)

4 Pfarrkirche von Mosta
Die Kirche mit der weitesten Kuppel von Malta (Seite 71)

5 Buskett Gardens
Maltas einziges Wäldchen (Seite 70)

6 Ta' Marija
Folkloristisches Restaurant mit der größten Auswahl an maltesischen Spezialitäten (Seite 71)

7 Clapham Junction
Bronzezeitliche Karrenspuren, leicht zu finden und eindeutig zu identifizieren (Seite 70)

8 Fontanella Tea Garden
Weiter Blick über die Insel bei maltesischem Gebäck (Seite 69)

MDINA/RABAT

(115/D 2-3) In römischer Zeit war das heutige Mdina nur ein Teil der Inselhauptstadt Melite, deren Stadtmauern auch etwa die Hälfte des heutigen Rabat umschlossen. Als die Araber Malta 870 eroberten, lagen diese Mauern in Trümmern. Die Moslems beschränkten sich bei der Erneuerung der Stadtanlage nur auf den leichter zu verteidigenden Teil unmittelbar am Felsvorsprung, gerade einmal 2000 Quadratmeter groß. Die Normannen bauten diese Mauern im 12. Jh. um und aus, beschränkten sich aber ebenfalls auf Mdina.

Im Jahre 1422, also noch vor der Ankunft der Ordensritter, suchten die Türken schon einmal Malta heim. Mit 18000 Soldaten verwüsteten sie die Insel, konnten Mdina jedoch nicht einnehmen. König Alfonso von Aragón ehrte die Stadt daraufhin mit dem Ehrentitel *Città Nobile* – ein Akt, der mit der Verleihung des Georgskreuzes an Malta im Jahre 1942 seine moderne Entsprechung fand.

Als die Johanniter 1530 nach Mdina kamen, ließen sie sich zunächst für zwei Jahre in deren Mauern nieder. Der einheimische Adel war erbost darüber, mußte sich jedoch fügen. Die Ordensritter ließen die Mauern ausbessern und durch zwei neue Bastionen verstärken, bis sie nach Birgu, dem heutigen Vittoriosa, zogen. Politisch einigte man sich mit dem maltesischen Adel darauf, daß mit dem Bestehen der *Università* der Adel sein Selbstverwaltungsorgan behielt. Die Malteser erkannten die Oberherrschaft der Ritter an, die Ritter wiederum versprachen dafür, die Privilegien und autonomen Rechte des ansässigen Adels zu respektieren.

Während der Großen Belagerung im Jahre 1565 ließen die Türken Mdina nahezu unbehelligt. So konnten dessen Bewohner die Ritter mit Nachschub versorgen und Nachrichten des Ordens nach Sizilien übermitteln. Gelegentlich verwirrten die Leute von Mdina die Türken sogar, indem sie deren leere Truppenlager oder kleine türkische Reitertrupps auf Lebensmittelsuche überfielen und damit Unruhe hinter die Reihen der Belagerer trugen. Jeden Tag wurde zur psychischen Zermürbung des Gegners zudem ein türkischer Gefangener auf den Mauern Mdinas gehängt. Als Napoleons Truppen 1798 auf Malta wüteten, formierte sich in Mdina der Widerstand. Nach der Plünderung des Karmeliterklosters warf man den gallischen Kommandanten, General Masson, einfach von einem Balkon und zwang die Franzosen zum Rückzug nach Valletta, wo sie sich später den zu Hilfe gerufenen Engländern ergaben.

Mit dem Bau Vallettas verlor Mdina an Bedeutung. Immer mehr Bewohner wanderten in die neue Inselhauptstadt ab. Mdina blieb aber Sitz der Università, des Selbstverwaltungsorgans des maltesischen Adels.

1693 richtete ein Erdbeben beträchtliche Schäden an. Am Neuaufbau beteiligten sich nun auch die Johanniterritter, die auf diesem Weg auch ihren Herrschaftsanspruch über Mdina deutlich machen konnten. Großmeister Vilhena ließ sich 1730 sogar einen Palast innerhalb der Mauern der maltesischen Adelsstadt errichten. Und das nicht irgendwo, sondern dort, wo bisher die Università getagt hatte — eine deutliche Brüskierung der einheimischen Nobilität.

Danach, unter der britischen Herrschaft, geriet Mdina endgültig ins wirtschaftliche Abseits, zumal auch die Università aufgelöst wurde. Alle Aktivitäten konzentrierten sich jetzt an der Küste — und als Bauernstädtchen war Rabat geeigneter als das noble Mdina. So wuchs Rabat im 19. Jh. zur heutigen Größe heran und war zwischen 1883 und 1931 sogar durch Maltas einzige Eisenbahnlinie mit Valletta direkt verbunden.

BESICHTIGUNG VON MDINA

Kathedrale

Als der Apostel Paulus im Jahre 59 drei Monate lang auf Malta lebte, war Melite die Hauptstadt der Insel. An der Stelle, wo sich heute die Kathedrale von Mdina einfühlsam ins Ensemble der Kirchen und Paläste der Stadt einfügt, soll damals der Apostel den römischen Verwalter der Insel, Publius, in dessen Palast zum Christentum bekehrt haben. Im Jahre 1298 wurde hier dann eine erste Kathedrale dem Apostel geweiht, die jedoch beim Erdbeben 1693 völlig zerstört wurde. Lorenzo Gafà wurde der Neubau anvertraut. Binnen fünf Jahren schuf er mit ihm sein Meisterwerk. Man betritt die Kathedrale durch die rechte Seitentür. Sogleich fallen die Grabplatten aus farbigen Steinen auf, die hier wie in der St. John's Co-Kathedrale von Valletta den Boden bedecken. Unter ihnen liegen hier

MDINA UND RABAT – MALTAS MITTE

allerdings keine Ordensritter, sondern einheimische Adlige begraben. Das Deckengewölbe der Kathedrale ist mit Szenen aus dem Leben der Apostel Petrus und Paulus ausgemalt. Den Hauptaltar bildet eine prunkvolle Arbeit aus Marmor und Lapislazuli. Aus der alten sizilo-normannischen Kathedrale stammt noch deren ehemalige Haupttür aus irischer Mooreiche, verziert mit nordischen Motiven. Sie ist heute im linken Seitenschiff der Eingang zur Sakristei. Aus dem frühen 15. Jh. stammt die italo-byzantinische Ikone der stillenden Gottesmutter in der Sakramentskapelle links vom Chor, die der Legende nach allerdings viel älter ist. Angeblich wurde sie vom Evangelisten Lukas als wahrhaftes Porträt der Gottesmutter mit dem Kind gemalt. Das Fresko über dem Hauptaltar, den Schiffbruch des hl. Paulus darstellend, stammt von Mattia Preti. *Tgl. außer So 9.30–11.45 und 14–17 Uhr, So 15–16.30 Uhr*

Mdinas Haupttor

Stadtrundgang

★ Nicht einzelne Bauten, sondern das Gesamtbild der Stadt machen den Reiz Mdinas aus. Man betritt die Stadt durch das 1724 neu erbaute barocke *Haupttor*, das das Wappen des Großmeisters Vilhena trägt. Gleich danach steht man auf dem kleinen St. Publius Square. Rechts erhebt sich in einem Garten der *Palast des Großmeisters*, heute das *Naturgeschichtliche Museum*. Links beherbergt die *Torre dello Stendardo* die Polizeistation von Mdina. Erbaut wurde sie 1750 als Signalturm, auf dem beim Nahen von Feinden ein Feuer hätte entzündet werden können. Im Norden beschließt die ständig geschlossene *St. Agatha-Kapelle*, 1417 erbaut und 1694 erneuert, den kleinen Platz. Hier wendet man sich nun nach links und steht gleich in der Hauptstraße von Mdina, der 230 m langen Villegaignon Street. Sie wird von Kirchen und Palästen gesäumt. Besonders auffällig ist linker Hand die *Casa Inguanez* zwischen Inguanez und Mesquita Street. Sie ist der Wohnsitz der ältesten maltesischen Adelsfamilie, 1370 erbaut, nach dem Erdbeben verändert. Die spanischen Könige besitzen hier noch heute uneingeschränktes Wohnrecht, haben es aber seit 1927 nicht mehr wahrgenommen. Der Casa Inguanez gegenüber erhebt sich die *St. Benedict-Kirche*, 1418 erbaut, mit einem Altarbild von Mattia Preti. Sie gehört zu einem Nonnenkloster, dessen Ordensschwestern ihren Konvent niemals verlassen. Zwischen der Mesquita Street und dem Vorplatz der Kathedrale fällt linker Hand der *Palazzo Gatto Murina* aus dem 14. Jh. auf. Ihm schräg gegenüber stehen auf der anderen Straßenseite die *Casa Testaferrata*, erbaut über einem römischen Apollon-Tempel, und die *Banca Giuratale*, seit dem frühen 18. Jh. Sitz der Università. Nach der Besichtigung der Kathedrale und des Kathedralmuseums setzt man den Rundgang am besten auf der Villegaignon Street fort. Gleich links an der Einmündung der St. Sophia Street steht der *Palazzo Santa Sophia*, dessen Erdgeschoß im sizilo-normannischen Stil als ältestes Bauwerk der Stadt gilt. Das Obergeschoß wurde hingegen erst 1938 aufgesetzt. Vorbei an der *Karmeliterkirche* aus dem 17. Jh. passiert man kurz vor dem Ende der Straße rechter Hand noch den *Palazzo Falcon*, auch *Normannisches Haus* genannt. Er stammt aus dem Jahre 1495, ist kürzlich restauriert worden und kann auch innen besichtigt werden.

Am Ende der Villegaignon Street bietet der ❧ *Bastion Square* einen schönen Ausblick über weite Teile der Insel. Von hier aus kann man nun durch die Bastion Street entlang der Stadtmauer zur Kathedrale zurückkehren, um dann den westlichen, von Fremden kaum je besuchten Teil der alten Stadt zu durchwandern. Verläßt man Mdina dann durch das *Greek's Gate*, das Griechische Tor, kommt man unmittelbar zur Römischen Villa, die bereits auf dem Boden von Rabat steht.

BESICHTIGUNGEN IN RABAT

Römische Villa

Wie die alten Römer auf Malta lebten, kann man andeutungsweise in der Römischen Villa am Stadtrand von Rabat erkennen. Wer anderswo schon solche Ausgrabungen gesehen hat, wird freilich enttäuscht sein von dem wenigen, was Maltas Boden hier im Jahre 1881 freigab.

Deutlich zu erkennen ist vor allem noch der *Atriumhof*, der zu jeder römischen Villa gehörte. Er war von 16 Säulen umstanden und mit einem Mosaikfußboden geschmückt. Er wird von mäander- und wellenförmigen Ornamenten gebildet, in deren Zentrum zwei Tauben aus einer goldenen Schüssel trinken. An den Wänden hängen einige andere Mosaikreste. Im angeschlossenen kleinen *Museum* werden weitere Funde aus römischer Zeit gezeigt. Von besonderem Interesse sind eine rekonstruierte Olivenpresse sowie zwei Theatermasken aus dem 1. Jh., wie sie römische Schauspieler in Komödien trugen. *Standardöffnungszeiten, Museum Esplanade*

St. Agatha's-Katakomben

★ Die Katakomben auf Malta dienten nicht als Versteck verfolgter Christen, sondern einzig und allein als Begräbnisstätten. Nicht nur Christen wurden hier beigesetzt, sondern auch Heiden und Juden. So ist in den St. Agatha's-Katakomben auch eine Darstellung eines siebenarmigen Leuchters zu finden, ein eindeutig jüdisches Symbol.

Große Schätze wurden in den Katakomben nicht gefunden, weil all die Jahrhunderte hindurch Schatzsucher als Grabräuber tätig waren. Sogar der erste Großmeister des Ordens auf Malta, Philippe Villiers de L'Isle-Adam, gestattete offiziell die Plünderung der Katakomben — unter der Bedingung, daß ein Drittel aller gefundenen Schätze an den Orden abgeliefert werde. Die Katakomben der hl. Agatha

MDINA UND RABAT – MALTAS MITTE

bieten aber dennoch etwas, das sonst in Maltas Katakomben nicht zu finden ist: Sie besitzen noch Wandmalereien aus spätrömischer Zeit und aus dem Mittelalter. Die römischen Fresken aus dem 3.–5. Jh. zeigen Pelikane als Symbol Christi oder Pfauen als Symbol für das ewige Leben. Drei Fresken aus dem 12. Jh. stellen die Gottesmutter, die stillende Gottesmutter und Paulus dar. Sehr interessant sind jedoch die 13 Darstellungen der hl. Agatha, die heute noch in der kleinen Höhlenkapelle und in der großen Kirche darüber verehrt wird. Die hl. Agatha war eine sizilianische Märtyrerin, die der Legende nach etwa im Jahre 250 einige Zeit lang in diesen Katakomben lebte, um sich dem Ehewunsch eines hohen römischen Verwaltungsbeamten in ihrer Heimat zu entziehen. Als sie später doch nach Catania zurückkehrte, erlitt sie die Folter und starb, ihrem Gemahl Jesus Christus treu bleibend. Teil ihres Martyriums war die Abtrennung ihrer beiden Brüste. Auf den Wandmalereien ist sie häufig mit einer Schale in der Hand zu sehen, auf der ihre beiden Brüste liegen. Diese Bildnisse aus dem 15. Jh. waren ebenso wie die übrigen Fresken Votivgaben, die dankbare Gläubige in Auftrag gegeben hatten. *Besichtigung in Begleitung eines englischsprechenden Führers, so daß alle Malereien leicht zu identifizieren sind. Okt.–Juni Mo–Fr 9 bis 12 und 13–17, Sa 9–13 Uhr, Juli–Sept. Mo–Fr 9–17, Sa 9 bis 13 Uhr, Eintritt 50 c, St. Agatha Street*

St. Paul's-Katakomben
★ Maltas größte Katakomben stammen aus dem 4. und 5. Jh. und weisen einmal rund 1400 Grabstätten auf, von denen sich etwa 900 erhalten haben. All ihre Gänge zusammengenommen sind etwa 900 m lang.

Liebesmähler an den Gräbern

Für die frühen Christen der Spätantike war das allabendliche Liebesmahl mit anderen Gemeindemitgliedern ein wesentlicher Teil des Lebens. Man vollzog damit die mystische Mahlsgemeinschaft nach, die Christus mit seinen Jüngern beim letzten Abendmahl und mit der gesamten Gemeinde beim Heiligen Abendmahl in der Kirche feierte. Agape, die Liebe, stand dabei im Vordergrund, und so waren immer auch die Armen der Gemeinde eingeladen.

Auch in den maltesischen Katakomben haben die frühen Christen solche Liebesmähler gefeiert — mit ihren Toten. Davon zeugen in den Paulus- und Agatha-Katakomben noch sogenannte Agape-Tische, in den Fels gearbeitete, runde Flächen mit erhabenem Rand. Auf dem Fels um sie herum lagerten die in der Regel nur männlichen Teilnehmer. Der von den Gräbern ausgehende Verwesungsgeruch dürfte sie nicht gestört haben, denn zum einen führten Belüftungsschächte aus den Katakomben ins Freie; zum anderen gehörten allerlei üble Gerüche zum täglichen Leben, noch bis ins letzte Jahrhundert hinein.

Man betritt die Katakomben über eine moderne Treppe, unter der aber noch die antiken Stufen zu erkennen sind. Das Zentrum der Anlage bildet eine Halle mit einer tiefer gelegenen Kapelle. An beiden Enden der Halle ist aus dem Stein ein *Agape-Tisch* gehauen, wie er für alle maltesischen Katakomben typisch ist. Er spielte eine wichtige Rolle bei den Liebesmählern, die im Rahmen der Totenfeiern abgehalten wurden.

Die Haupthalle ist auf drei Seiten von Gängen und Kammern umgeben, in denen man die verschiedenen Grabtypen erkennen kann. Am häufigsten sind die einfachen *Loculi-Gräber*. Sie bestehen aus einer rechteckigen oder gewölbten Wandnische oder aus einem einfachen Schacht im Boden. Loculi-Gräber konnten mit einem Stein verschlossen werden. Viele dieser Loculi sind ausgesprochen klein und dienten offenbar als Kindergräber. Aufwendigere Grabtypen waren wohlhabenderen Persönlichkeiten vorbehalten. Für *Baldachingräber* wurde ein Felsblock so ausgehöhlt, daß seine Decke wie ein gewölbter Baldachin wirkte. Meist fanden darunter zwei Tote Platz, für die sogar eine Kopfstütze aus dem Stein gehauen war. Noch aufwendiger sind die *Satteldachgräber*. Sie besitzen ebenfalls eine gewölbte Decke, die von einem Satteldach gekrönt wird.

Wie in den St. Agatha's-Katakomben waren die Wände auch in dieser Grabanlage mit Fresken geschmückt, die inzwischen jedoch nahezu völlig verblichen sind. *Standardöffnungszeiten, St. Agatha Street*

St. Paul's Kirche

In einer Felsgrotte in Rabat soll der Apostel Paulus der Legende nach drei Monate lang gelebt haben. Über der Grotte steht heute die St. Publius-Kapelle, die einen Teil der Paulus geweihten Pfarrkirche von Rabat bildet. Links vom Hauptaltar der Kapelle wird in einer vergitterten Nische ein goldenes Reliquiar in Form eines Arms verwahrt, das eine Reliquie vom Arm des hl. Paulus enthalten soll.

Das 1683 geschaffene Titularbild in der Pfarrkirche selbst ist das gelungenste Werk des maltesischen Malers Stefano Erardi. Es zeigt, wie der Apostel Paulus nach dem Schiffbruch von einer giftigen Natter gebissen wird, ohne daran zu sterben – Grund genug, ihn für einen Heiligen zu halten. *Mo–Sa 9–12 und 13–17 Uhr, Parish Square*

Auf dem Platz vor der Kirche stehen werktags mehrere Händler, die frisches Obst verkaufen.

MUSEEN

Kathedralmuseum (Cathedral Museum)

Das in einem Barockbau aus dem Jahre 1733 angesiedelte Museum präsentiert vor allem liturgische Geräte und Gewänder sowie Gemälde. Von Bedeutung ist auch die Sammlung von Kupferstichen und Holzschnitten Albrecht Dürers und seiner Schüler. Von Dürer selbst werden 20 Tafeln der 1511 entstandenen *Marienlebens* sowie 34 Tafeln der *Kleinen Passion* gezeigt. *1. Okt. bis 31. Mai Mo–Sa 9–13 und 13.30 bis 16.30 Uhr; 1. Juni–30. Sept. Mo–Sa 9–13 und 13.30–17 Uhr, 1 Lm, Archbishop Square, Mdina*

MDINA UND RABAT – MALTAS MITTE

Mdina Dungeon
Effekthaschend aufgemachte, vor allem Folter und Grausamkeiten aus Maltas Geschichte zeigende Ausstellung; für Kinder ungeeignet. *Mo–Sa 9.30–17 Uhr, 1,15 Lm, St. Publius Square, Mdina*

Mdina Experience
Kleine Audiovisionsschau zur Geschichte Maltas. *Mo–Fr 11 bis 16.30, Sa 11–13 Uhr, 1,40 Lm, Mesquita Square 7, Mdina*

Naturgeschichtliches Museum (Museum of Natural History)
Das in einem Palast aus dem 18. Jh. untergebrachte Museum zeigt präparierte Tiere und vermittelt einen Einblick in die Geologie Maltas. *Standardöffnungszeiten, St. Publius Square, Mdina*

RESTAURANTS

Bacchus
Gepflegtes Restaurant in einer Bastion der Stadtmauer mit internationaler Küche. *Tgl. 11 bis 15.30, 18–22.30 Uhr, Inguanez Street, Mdina, Kategorie 1*

Cuckoo's Nest Tavern
Sehr einfache und urige Taverne; Spezialität Timpana. *Tgl. 12–15 und 19–23 Uhr, St. Paul's Street 9, Rabat, Kategorie 3*

Fontanella Tea Garden
★ ⚜ Café an, in und auf der Stadtmauer mit gutem Angebot an maltesischen Backwaren. *Mo–Sa 10–18, So 10.30 bis 18.45 Uhr, Bastion Street 1, Mdina, Kategorie 3*

Palazzo Costanza
Restaurant in mehreren Räumen und im romantischen Innenhof eines alten Adelspalastes. *Tgl. 12–15 und 18–22.30 Uhr (im Winter leider nur Sa abends geöffnet), Villegaignon Street, Mdina, Kategorie 2*

Stazzjon
Restaurant in einem kleinen ehemaligen Bahnhof und auf dem alten Bahnsteig mit besonderer Atmosphäre. *Im Sommer Di–So 18.30–22, sonst nur So 12–15 und 18.30–22 Uhr, Mtarfa Road, Kategorie 2*

EINKAUFEN

Ta Qali
In den Hangars und Kasernen eines ehemaligen Flugplatzes hat die maltesische Regierung einheimische Handwerksbetriebe angesiedelt, die hier ihre Produkte und andere Souvenirs verkaufen. Unbedingt sehenswert ist die Glasbläserei Mdina Glass. *Mo–Fr 8–18 Uhr, Sa 8–12.30 Uhr, unterhalb von Mdina nahe der Straße nach Attard.* An das Gelände schließt der *National Park* an, Maltas jüngste, durch Betontreppen und -terrassen verunstaltete Grünanlage (frei zugänglich).

HOTELS

Medina
Hotel mit Pool, alle 40 Zimmer mit Klimaanlage. *Labour Avenue 146, Rabat, Tel. 45 32 30, Fax 45 09 52, Kategorie 2*

Point de Vue
⚜ Pension über dem gleichnamigen Restaurant in einem 400 Jahre alten Haus am Platz vor den Mauern Mdinas. *16 Zi., Saqqajja Square, Rabat, Tel. 45 41 17, Kategorie 3*

ZIELE IN DER UMGEBUNG

Attard (115/F 2)
Das große Binnendorf (3000 Ew.) ist wegen seines kleinen Parks, der *San Anton Gardens*, ein beliebtes Ausflugsziel maltesischer Familien. Die Anlage gehörte ursprünglich zum *San Anton Palace*, der lange Wohnsitz der britischen Gouverneure war und seit 1974 der offizielle Wohnsitz des maltesischen Staatspräsidenten ist. Die Pfarrkirche *St. Marija* gilt als schönste Renaissancekirche der Insel. *Die Gärten sind von Sonnenauf- bis Sonnenuntergang geöffnet, Palast nicht öffentlich zugänglich.*

Buskett Gardens (115/D 4)
★ ❀ Der auch *Boschetto* genannte Park in einem Tal unterhalb des Verdala-Palastes ist Maltas einziges Waldgebiet. Die Ordensritter ließen es um 1570 als Jagdrevier für den Großmeister anlegen. Hier gedeihen Palmen, Pinien und Kiefern, Maulbeer- und Orangenbäume. Leider ist es im Winterhalbjahr auch ein bevorzugtes Revier illegaler Vogeljäger. *Ständig frei zugänglich*

Clapham Junction (115/D 4)
★ Die deutlichsten und am leichtesten zu findenden Karrenspuren aus der Bronzezeit sind nur wenige hundert Meter von den Buskett Gardens entfernt. Die Briten waren von dem System sich verzweigender und sich kreuzender *Schienen* so sehr beeindruckt, daß sie ihm den Namen einer Eisenbahnkreuzung im Süden Londons gaben. Am Parkplatz gegenüber vom *Buskett Forest Aparthotel* zeigt ein Wegweiser die Richtung an. Man folgt dem Fahrweg etwa 200 m weit und geht dann nach einer Rechtskurve an einem kleinen, würfelförmigen Häuschen nach rechts auf einen Feldweg. Schon nach wenigen Schritten liegt linker Hand am Hang die Clapham Junction. *Ständig frei zugänglich*

Dingli Cliffs (114–115/C–D 4)
★ ❀ Die Klippen von Dingli sind ein mehrere Kilometer langer Küstenabschnitt von großem Reiz. Größtenteils liegt zwischen der Kammlinie der über 200 m hohen Küstenfelsen und dem Meer eine schmale, landwirtschaftlich genutzte Terrasse; an einigen Stellen stürzen die Klippen aber auch unmittelbar ins Meer ab. Den besten Eindruck kann man auf einer etwa 3 km langen Wanderung vom Dorf *Dingli* entlang der Küste bis zu den *Buskett Gardens* erhalten. Einziges Restaurant direkt an den Cliffs ist das *Bobby Land (Di–Fr 10.30–15.30 und 18.30–22.30, Sa 18.30–23.30, So 10.30–17 Uhr)*.

Ghar Lapsi (115/E 5)
An der Südküste Maltas sind natürliche Häfen selten. In Ghar Lapsi bietet eine winzige Bucht kleinen Fischerbooten Schutz. In kleinen Grotten an dieser Bucht finden nur ein paar Menschen Platz auf schattigen Sandflecken. Nicht weit vom Badeplatz entfernt arbeitet seit 1982 Maltas erste Meerwasserentsalzungsanlage. Unmittelbar oberhalb des Badeplatzes bietet das sehr einfache Restaurant *Lapsi View (Kategorie 3)* leckere Fischgerichte und maltesische Spezialitäten an.

MDINA UND RABAT – MALTAS MITTE

Inquisitorenpalast (115/E 4)
Oberhalb des Girgenti-Tals steht an der Straße von Siggiewi zu den Dingli Cliffs der Sommerpalast der Inquisitoren. Der Bau aus dem 17. Jh. kann nicht besichtigt werden.

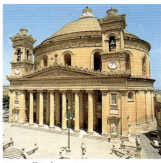

Kuppelkirche in Mosta

Mosta (115/E–F 1)
★ Die Ortschaft (12 500 Ew.) am Rande des städtischen Malta besitzt eine der bemerkenswertesten Kirchen des Landes. Das Mariä Himmelfahrt geweihte Gotteshaus entstand zwischen 1833 und 1860 und wurde allein durch Spenden und freiwillige Arbeitsleistungen der Einwohner finanziert. Einer Rotunda ist ein neoklassizistisches Portal nach dem Vorbild des römischen Pantheons vorgesetzt. Der gesamte kreisrunde Innenraum wird von einer gewaltigen Kuppel überspannt. Ihr Durchmesser beträgt außen 54 m und innen 39 m, ihre Höhe außen über 60 m und innen über 56 m. Die Kuppel ist aus maltesischem Stein nahezu ohne Zement erbaut und trägt sich selbst. Sie gilt als viertgrößte Kuppel Europas nach denen des Petersdoms, der St. Paul's Cathedral in London und der Pfarrkirche von Xewkija auf Gozo. In der öffentlich zugänglichen Sakristei ist eine deutsche Fliegerbombe zu sehen, die am 9. April 1942 die Kuppel durchschlug. Daß sie nicht explodierte und niemanden der anwesenden Gläubigen verletzte, wird als Wunder aufgefaßt. *Tgl. 9–12 und 15–17 Uhr.*
Nur etwa 150 m von der Kirche entfernt liegt an der Straße in Richtung St. Paul's Bay das Restaurant ★ *Ta' Marija* mit dem größten Angebot origineller maltesischer Spezialitäten inselweit und einem exzellenten maltesischen Kaffee. *Constitution Street, tgl. 10.30–15 und ab 18 Uhr, Kategorie 2*

Santa Venera (116/B 2)
Entlang der Hauptstraße dieser Gemeinde (6600 Ew.) haben sich noch Teile des *Wignacourt-Aquädukts* aus dem frühen 17. Jh. erhalten. Es führte Trinkwasser aus Zentralmalta nach Valletta. Die Gebäude der Ordensritter hatten ebenso wie das Hospital und die Sklavenunterkünfte einen direkten Wasseranschluß, die Bevölkerung mußte sich ihr Wasser aus öffentlichen Brunnen holen, die an die über das Aquädukt führende Wasserleitung angeschlossen waren. *Frei zugänglich*

Verdala-Palast (115/D 3)
Der 1586 unter Großmeister Verdalle errichtete Palast liegt auf einem der höchsten Punkte der Insel. Seit 1975 dient er als offizielles Gästehaus der maltesischen Regierung. *Besichtigung nur gelegentlich mit englischsprachiger Führung. Auskunft geben die Büros der Tourist-Information.*

ST. PAUL'S BAY UND MALTAS NORDWESTEN

Wo die guten Strände liegen

*Bauern und Badeurlauber prägen
das Gesicht dieses Landstrichs*

Der Nordwesten Maltas unterscheidet sich landschaftlich deutlich von der übrigen Insel. Sein Charakteristikum sind die niedrigen Hügelzüge, die ihn von West nach Ost durchziehen und so in viele kleine Täler gliedern. Der erste dieser Hügelzüge, der nördlich von Naxxar, Mosta und Mdina/Rabat verläuft, ist zugleich der höchste und fällt relativ steil zum Inselnorden hin ab. Ihn haben die Briten im 19. Jh. mit zahlreichen kleinen Forts befestigt, um so gegen eine Invasion aus dieser Richtung gefeit zu sein. *Victoria Lines* haben sie diese Befestigungsanlage genannt.

In den Tälern, die zwischen den Victoria Lines, der Wardija, Bajda, Mellieha und Marfa Ridge, liegen, wird noch intensiv Landwirtschaft betrieben. Die wenigen Dörfer, die es hier gibt, sind recht klein; denn bis ins 17. Jh. hinein war dieser Inselteil wegen seiner ständigen Bedrohung durch Piraten kaum dauerhaft besiedelt. Bis heute sind an den vielen Buchten, in denen die schönsten Strände Maltas liegen, kaum Siedlungen entstanden. An manchen Buchten finden sich nur Bootsschuppen, andere sind völlig unverbaut. Manchmal stehen an einer Bucht ein oder zwei Hotels; aber von einer Verbauung der Küsten kann in dieser Region kaum die Rede sein. Nur eine Ausnahme gibt es: die St. Paul's Bay.

An dieser Bucht des heiligen Paulus konzentriert sich der Fremdenverkehr Nordwestmaltas. Mehrere Orte sind hier zu einem riesigen Ferienzentrum zusammengewachsen. Qawra, Bugibba, Saint Paul und Xemxija bilden heute zusammen das kleine Städtchen, das landläufig St. Paul's Bay genannt wird. St. Paul's Bay ist ein quirliger Ort mit Dutzenden von Hotels, unzähligen Apartmenthäusern und Unmengen von Restaurants, Bars, Diskotheken, Souvenirgeschäften und Reisebüros. Nur eins gibt es hier nicht: Strände. Wer nicht in den Swimmingpools oder von der Felsküste aus baden will, muß mit Boot, Linienbus oder Mietfahrzeug zu

*Golden Bay: feinstes
Badevergnügen auf Malta*

einem der Strände in der Umgebung fahren. An historischen Sehenswürdigkeiten ist Maltas Nordwesten arm. Aus dem Neolithikum sind die Tempel von Skorba und Ta Hagrat nur stark zerstört erhalten. An die legendäre Landung des Apostels Paulus auf einem kleinen Inselchen in der St. Paul's Bay erinnert einzig und allein eine moderne Statue; sonst zeugen von der römischen Zeit nur die sehr spärlichen Überreste einer kleinen Therme.

ST. PAUL'S BAY

(111/D-E 4–5) Das moderne Zentrum dieses großen Ferienortes (5000 Ew. und 10 000 Fremdenbetten) liegt auf einer Halbinsel zwischen St. Paul's und der Salina Bay. Hier gehen die Ortsteile Bugibba und Qawra nahtlos und unmerklich ineinander über. An der Salina Bay stehen die modernsten Hotels, hier sind auch große, gepflegte Poolanlagen mit Wasserrutschen und anderen Unterhaltungselementen entstanden. Die eigentliche Uferpromenade zieht sich aber immer noch an der St. Paul's Bay entlang und führt bis in den alten Ortskern von St. Paul's. Von hier aus windet sich die Siedlung als schmaler Streifen um das innere Ende der Bucht herum und steigt schließlich durch Xemxija bis Mistra an, dessen mächtige Kirchenkuppel weithin sichtbar ist.

BESICHTIGUNGEN

Dolmen

Die geringen Überreste eines neolithischen Tempels, die im Garten des modernen Großhotels *New Dolmen* stehen, sind abends am eindrucksvollsten. Dann nämlich werden sie — sogar farbig — angestrahlt. Erhalten blieben der Eingang mit seinen vier Orthostaten, die Türschwelle und einige Steinblöcke der einst konkav geformten Fassade. *Ständig durch die Hotellobby frei zugänglich*

Salinen

Am inneren Ende der Salina Bay wird schon seit dem Mittelalter Salz aus dem Meerwasser gewonnen. Auch heute kann man

MARCO POLO TIPS
FÜR MALTAS NORDWESTEN

1 Golden Bay
Maltas schönster Sandstrand (Seite 77)

2 Marienkirche von Mellieha
Ein Wallfahrtsziel seit Ordensritterzeiten (Seite 77)

3 Popeye Village
Ein Südseedorf auf Malta, erbaut als Filmkulisse (Seite 78)

4 Restaurant Gillieru
Ein niveauvolles Fischrestaurant direkt am Meer (Seite 75)

ST. PAUL'S BAY UND MALTAS NORDWESTEN

St. Paul's Bay: Hier ist der Tourist König

hier im Spätsommer noch die Salzernte miterleben, von der Küstenstraße aus hat man einen besonders guten Überblick.

St. Paul's Island
Auf einem kleinen Felseiland am Eingang der Paulus-Bucht steht eine 12 m hohe Statue des Apostels. Der örtlichen Überlieferung nach soll er hier im Jahre 59 erstmals maltesischen Boden betreten haben. *Bootsausflüge zur Insel ab St. Paul's Bay/Bugibba*

Unterwasser-Safaris
Durch 34 große Fenster im Kiel der »MV Seabelow« können bis zu 38 Passagiere gut 20 Minuten lang die Unterwasserwelt vor Maltas Küste studieren. Insgesamt dauert der Törn eine Stunde. *Abfahrt Mo—Sa mehrmals tgl. ab Bugibba. Fahrpreis 4,25 Lm, Kinder 2,95 Lm.*

RESTAURANTS

Gillieru
★ Das Fischrestaurant, das als eins der besten Maltas gilt, ist auf einer Terrasse ins Meer hinausgebaut worden und bietet Plätze drinnen und draußen. Maltas diplomatisches Corps gehört zum Stammpublikum. *Tgl. 12.30 bis 14.30 und 19.30—23 Uhr, Il-Knisja Street, im historischen Ortskern von St. Paul, Kategorie 1*

It-Tokk
Modernes, gepflegtes Restaurant direkt am Meer. Viele maltesische Spezialitäten. *Tgl. 12.30 bis 14.30 und 18.30—21.30 Uhr, Qawra Coast Road, Qawra (gegenüber vom Suncrest Hotel), Kategorie 1*

Luzzu
Sehr gepflegtes italienisches Restaurant mit exzellenten Fischgerichten, am Meer gelegen. *Mo—Sa 19—22.30 Uhr, Mai—Okt. So 12.30—14.30 Uhr, Qawra Coast Road, Qawra, Kategorie 1*

Ta' Cassia
Originelles Restaurant in nachgebauten Pferdeställen, mit Garten. *Tgl. 19—23.30 Uhr, Qawra Road, Qawra, Kategorie 2*

HOTELS

Mistra Village
Apartmenthotel auf einem Hügel über der St. Paul's Bay mit 2 Pools, Hallenbad, Restaurants

und Animationsprogramm auch für Kinder. Die Apartments sind unterschiedlich eingerichtet und bieten bis zu 3 Schlafzimmer. Im Sommer kostenloser Bus-Service zum eigenen Wassersportzentrum. *Xemxija Hill, Xemxija, Tel. 58 04 81, Kategorie 1 und 2*

New Dolmen
Großhotel mit 387 Zimmern an der St. Paul's Bay. Großes Sportangebot, vier Pools, Hallenbad. Behindertenfreundlich. *Islet Promenade, Qawra, Tel. 58 15 10, Fax 58 15 32, Kategorie 1*

Suncrest
Großhotel mit 415 Zimmern an der Salina Bay. Elegante Lobby, mehrere Restaurants, Bars und Diskothek, vielfältiges Sportangebot. Großes Frei- und beheiztes Hallenbad. *Qawra Coast Road, Qawra, Tel. 57 71 01, Fax 57 54 78, Kategorie 1*

Villa Mare
Hotelpension unter italienisch-britischer Leitung mit 12 Zimmern und Dachterrasse. *Bay Square, Bugibba, Tel. 57 38 24, Fax 58 50 94, Kategorie 3*

SPORT UND STRÄNDE

Mehrere Hotels verfügen über Tennisplätze und Squash-Anlagen; im Hotel *Suncrest* kann auch Bowling gespielt werden. Die *Wassersportzentren* an den Ufern von *Qawra* und *Bugibba* bieten Gelegenheit zum Tauchen, Wasserskilaufen und Windsurfen.

AM ABEND

Außer in den Diskos in den Hotels (*Suncrest, New Dolmen*) kann man auch in manchen Restaurants tanzen, so unter freiem Himmel im *Beachaven* direkt am Ufer von *Xemxija* oder im *Ta' Cassia* in *Qawra*.

ZIELE IN DER UMGEBUNG

Armier Bay (110/B–C 3)
An dem 100 m langen Sandstrand gegenüber der Insel Comino gibt es mehrere Restaurants, Umkleidekabinen.

Bur Marrad (111/E 5)
Am Ostrand dieses Bauerndorfes steht die Kellerei der Winzerkooperative der Insel, *Farmers Wine*. An einer kleinen Bar im Gebäude können deren Produkte verkostet und gekauft werden. *Juni–Okt. Mo–Sa 7–19, So 8–12 Uhr, Mosta Road, nur etwa 200 m vom Kreisverkehr am Ortsrand von Qawra entfernt*

Comino und Cominotto (110/A–B 1–2)
Comino, der Inselwinzling zwischen Malta und Gozo, ist eine Badeinsel. Die Bucht *Blue Lagoon* zwischen Comino und dem unbewohnten Fels *Cominotto* wird von Ausflugsbooten angelaufen; in den beiden Hotels der Insel (*Comino* und *Nautico, beide Kategorie 1, Tel. 52 98 21, Fax 52 98 26*) fühlen sich vor allem Wassersportler und Tennisspieler wohl. Comino ist nur 2,5 km^2 groß; einzige historische Sehenswürdigkeit ist der Wachtturm *Santa Marija* von 1715. *Regelmäßige Bootsverbindung mit Cirkewwa auf Malta und Mgarr auf Gozo*

Ghajn Tuffieha Bay (110/B 6)
Dieser etwa 150 m lange Sandstrand unterhalb der Steilküste

ST. PAUL'S BAY UND MALTAS NORDWESTEN

ist noch unbebaute Natur; eine Treppe, die auf der kleinen Halbinsel beginnt, die die Ghajn Tuffieha von der Golden Bay trennt, führt hinunter zum Strand.

Gnejna Bay (110/B 6)
An der weiten Bucht der Westküste stehen zahlreiche Bootsschuppen von Gelegenheitsfischern aus dem Dorf Mgarr. Von einem kurzen Sandstrand aus kann man baden; schön ist eine Wanderung von hier zur Golden Bay. Restaurants und Unterkünfte fehlen an dieser Bucht noch.
Von Mgarr aus führt eine beschilderte Asphaltstraße hinunter

Mellieha, wo noch Wunder geschehen

Golden Bay (110/B 5–6)
★ Einer von Maltas schönsten und längsten Sandstränden erstreckt sich vor flachem Hinterland entlang dieser Bucht. Zahlreiche Wassersportarten werden angeboten; Badeurlauber können im Hotel *Golden Sands* wohnen *(Tel. 57 39 61, Fax 58 08 75, Kategorie 2)* oder im Feriendorf *Hal Ferh*, einer ehemals britischen Kaserne *(Tel. 57 38 82, Kategorie 3)*. Reitsportfreunde haben die Möglichkeit, gegenüber der Einfahrt zum Feriendorf Hal Ferh Pferde zu mieten *(tgl. 8–20 Uhr)*.

Mellieha (110/C 4)
Die kleine, recht lebhafte Stadt (6500 Ew.) liegt auf einem Bergrücken hoch oberhalb der gleichnamigen Bucht. Am nördlichen Ortsrand erhebt sich die erst 1948 erbaute ★ Pfarrkirche *Sta. Marija* über einer uralten Höhlenkapelle aus dem Jahre 409, die über alle Jahrhunderte hinweg Maltas bedeutendstes Marienheiligtum blieb. Grund für die Verehrung ist eine im Altarraum unmittelbar auf den Fels gemalte Darstellung Mariens mit dem Kinde, die der Legende nach als Porträt der Gottesmutter vom Evangelisten Lukas selbst gemalt worden sein soll. Kunsthistoriker datieren die von byzantinischen Ikonen inspirierte, stilistisch jedoch eindeutig Sizilien zuzuweisende Malerei in die Zeit um 1300. Wunder hat die Madonna von Mellieha dennoch immer wieder bewirkt. Das wollen zahlreiche Votivgaben bezeugen, die in Seitenräumen ausgestellt sind. Darunter befinden sich auch Porträts von Ordensrittern und zahlreiche Votivgaben, die von der Errettung aus Seenot erzählen. *Geöffnet tgl. 8–12 und 15.30–18 Uhr.*

Mit prächtigem Ausblick über den Norden Maltas wohnt man in Mellieha im Hotel *Panorama (56 Zi., Tel. 57 35 11, Fax 57 39 76, Kategorie 2)*; gut essen kann man im gepflegten Restaurant *Il Portico (tgl. ab 18.30 Uhr, Triq il-Kbira 36, Kategorie 1)* sowie im *L'amigo*, dessen Wirt stolz darauf ist, deutsch zu sprechen *(Mo–Sa 11–14 und 18–22 Uhr, Triq il-Kbira 79, Kategorie 2)*.

Mellieha Bay (110/B–C 3–4)
Maltas längster Sandstrand liegt unmittelbar unterhalb der Küstenstraße am inneren Ende der Mellieha Bay. An Restaurants und Wassersportmöglichkeiten herrscht kein Mangel; das Ufer fällt hier besonders sanft ab und bietet damit gerade für Kleinkinder gutes Badevergnügen. Auf der anderen Straßenseite bietet die *Ghadira Natural Reserve* Möglichkeiten zur Vogelbeobachtung.

Mgarr (110/C 6)
Mgarr ist ein noch sehr ländlich-beschaulich wirkendes Dorf mit mächtiger Pfarrkirche und geringfügigen Resten eines neolithischen Tempels *(frei einsehbar)*.

Paradise Bay (110/B 3)
Der 100 m lange Sandstrand unterhalb einer Steilküste liegt nur 400 m vom Fähranleger von *Cirkewwa* entfernt. Zwischen Strand und Anleger bietet das Hotel *Paradise Bay* Unterkunft in 215 Zimmern *(Pool, Hallenbad, Diskothek, Squash- und Tennisplätze, großes Wassersportangebot; Tel. 57 39 81, Fax 57 31 15, Kategorie 1)*.

Popeye Village (110/B 4)
★ Nicht in die Geschichte, sondern in die Traumwelt des Films führt ein Ausflug an die Anchor Bay. An dieser kleinen, felsigen Bucht ließ Regisseur Robert Altman 1979 ein sehr romantisch anmutendes Dorf aus Holzhäusern und Plankenwegen errichten, das unter dem Namen *Sweethaven* als weitläufige Kulisse für die Verfilmung der Comicserie *Popeye* gebraucht wurde. Anschließend wurde es zu einer solch einträglichen Touristenattraktion, daß die Malteser es nach Bränden zweimal wieder völlig originalgetreu aufbauen ließen. *Tel. 9–19 Uhr, Winter bis 17 Uhr, Eintritt 2,50 Lm, Kinder unter 12 Jahren frei, Kinder von 13 bis 17 Jahren 1,95 Lm.*

Ramla Bay (110/B 3)
Der kleine Sandstrand an dieser Bucht gehört zum gleichnamigen Hotel, kann aber von jedermann genutzt werden *(142 Zi., Ramla Bay, Marfa, Tel. 57 35 21, Fax 57 59 31, Kategorie 1)*. Das Hotel bietet Wassersportmöglichkeiten.

Filmkulisse zum Anfassen: Popeye Village an der Anchor Bay

ST. PAUL'S BAY UND MALTAS NORDWESTEN

Römische Thermen (110/B 6)

Wo immer sich die Römer der Antike niederließen, erbauten sie öffentliche Bäder, die eine wichtige Rolle in ihrem sozialen Leben spielten. Die einzigen bisher entdeckten Thermen auf Malta sind zwar recht klein, besitzen jedoch alle typischen Merkmale solcher Anlagen. Betritt man das eingezäunte und mit finanzieller Hilfe der Unesco überdachte Gelände, passiert man rechter Hand zunächst die *Piscina*, das Schwimmbecken der Therme. Gleich darauf stößt man auf das restaurierte *Tepidarium*, dessen Boden von einem runden Federmosaik bedeckt wird. Zwischen dem Tepidarium, dem beheizten Übergangsraum zwischen Kalt- und Warmbädern, und dem Schwimmbekken verläuft ein Korridor, der mit rhombischen Fliesen ausgelegt ist. An ihn grenzen südlich die mit geometrischen Mosaiken ausgeschmückten Umkleideräume. An das Tepidarium schließt sich westlich das *Caldarium* an, östlich das *Frigidarium*. Das Frigidarium, in dem kalt gebadet wurde, ist mit einem Rhombenmosaik ausgelegt. Dem Caldarium, dessen Fußbodenheizungssystem – die sogenannten *Hypokausten* – deutlich zu erkennen ist, fehlt der Bodenbelag. Zu jeder Thermenanlage gehörte auch eine große Gemeinschaftslatrine, die hier in der Nordwestecke des Geländes liegt. *Keine festen Öffnungszeiten, doch meist zwischen 9 und 12 sowie 15 und 17 Uhr geöffnet; Trinkgeld für den Wärter üblich. Abseits der Straße zwischen Mgarr und der Golden Bay gelegen; Hinweisschild »Roman Baths« an dieser Straße.*

Selmun Palace (111/D 4)

Der kleine, turmartige Palast wurde ursprünglich vom Ritterorden Anfang des 17. Jhs. als Wachtturm und Jagdschlößchen erbaut. Heute sind darin das Feinschmeckerrestaurant und die schönsten Suiten des Hotels untergebracht; eine Innenbesichtigung ist nur Hotel- und Restaurantgästen möglich. Das Hotel gehört der staatlichen Fluggesellschaft Air Malta und der französischen Hotelgruppe Accor; sein Barkeeper Charly wird als ungekrönter Cocktailkönig der Insel angesehen. Das Hotel bietet Pool, Hallenbad und Unterhaltungsprogramme; der Bustransfer zu verschiedenen Stränden ist für Gäste kostenlos *(Selmun, 156 Zi., Mellieha, Tel. 52 10 40, Fax 52 10 60, Kategorie 1).*

Victoria Lines (111/E–F 6)

☼ Zwischen 1875 und 1880 legten die Briten auf dem Hügelkamm, der zum Nordwesten Maltas hin steil abfällt, eine ganze Reihe von kleinen Befestigungsanlagen an. Noch weithin sichtbar erhalten sind davon das *Mosta Fort* (**C3**), die *Targa Battery* (**C3**) und das *Bingemma Fort* (**B3**). Kleine, nicht ausgeschilderte Landstraßen führen über die Höhen der Victoria Lines, von denen aus sich prächtige Ausblicke ergeben.

Zebbieh (110/C 6)

Am Nordrand dieses Binnendorfes wurde der neolithische Tempelkomplex Skorba freigelegt, der den Archäologen wesentliche Aufschlüsse über die Entwicklung der Tempelarchitektur gab. Für den Laien gibt es so gut wie nichts mehr zu sehen.

GOZO

Maltas kleine Schwesterinsel

Wer Ländlichkeit und Ruhe sucht, ist auf Gozo bestens aufgehoben

Gozo ist nur etwa ein Viertel so groß wie Malta und beherbergt mit 25 000 Menschen nur zirka ein Vierzehntel der maltesischen Staatsbürger, ist also sehr viel dünner besiedelt als die große Schwesterinsel.

Die Fähre braucht nur eine halbe Stunde, um den Gozo Channel zu überqueren. Schon bei der Annäherung an den Hafen Mgarr fällt auf, daß Gozos 47 km lange Küste im Gegensatz zu der Maltas zumeist schroff zum Meer hin abfällt. Mgarr ist denn auch einer der ganz wenigen Orte Gozos, der zumindest teilweise direkt am Ufer liegt. Den Großteil Gozos bildet ein Hochplateau, das von langgestreckten, niedrigen Tafelbergen durchzogen wird. Teils liegen die Dörfer auf dem Plateau, teils hoch oben auf den Bergrücken. Meist liegen die Orte klar voneinander getrennt, so daß sich im Zusammenspiel mit der Landschaft deutliche Gliederungen ergeben. Zwischen den gozitanischen Gemeinden ist noch viel Platz für Landwirtschaft. So wirkt Gozo grüner und ländlicher als die große Schwester Malta. Der Autoverkehr ist viel geringer, und an den Dorfstraßen sitzen die Frauen noch vor ihren Häusern und klöppeln die Spitzen, für die Malta berühmt ist.

Fast im Zentrum der Insel erstreckt sich unter dem mittelalterlichen Burgberg, der noch immer die Zitadelle trägt, die Inselhauptstadt Victoria, auch Rabat genannt. Sie ist nicht nur die Verwaltungs- und Handelsmetropole der Insel, sondern bietet auch die meisten Sehenswürdigkeiten. Südlich und nördlich davon konzentriert sich in den Küstendörfern Marsalforn und Xlendi Gozos Fremdenverkehr. Sandstrände sind auf Gozo zwar ebenso rar wie auf Malta, doch dafür findet man eine Reihe einsamer Felsbuchten und Felsfjorde, in denen man baden kann, ohne Häuser und Hotels vor Augen zu haben.

Besiedelt ist Gozo wohl schon ebenso lange wie Malta. Der neolithische Tempel von Ggantija

Erster Eindruck von Gozo:
Fährhafen Mgarr mit der Kirche
Unserer Herrin von Lourdes

zeugt davon. Wie auf Malta hat man auch auf Gozo bronzezeitliche Karrenspuren sowie Relikte aus der Zeit der Phönizier und der Römer entdeckt.

Das ganze Mittelalter über hatte Gozo immer wieder unter Überfällen und Plünderungen durch nordafrikanische Piraten und türkische Flotten zu leiden. Zwar war der antike Burgberg, die Zitadelle, bereits im 8. Jh. von den Arabern wieder befestigt und später von den Kreuzrittern renoviert worden, doch konnte sie nur als Fluchtburg dienen, von der aus keine ernsthafte Verteidigung der Insel möglich war. So war Gozo gegen Ende des 16. Jhs. nahezu entvölkert und wurde erst im 17. Jh. von Malta und Sizilien aus neu besiedelt. Im gleichen Jahrhundert errichteten die Johanniter eine Reihe von Küstenwachttürmen. Die Gefahr von Überfällen ließ nach, und so entstand gegen Ende des 17. Jhs. unterhalb der Zitadelle die heutige Hauptstadt Victoria. Für all die Unbill, die Gozo im Mittelalter zu ertragen hatte, wurde es im Zweiten Weltkrieg entschädigt. Im Gegensatz zur großen Schwester hatte Gozo nie unter deutsch-italienischen Bombenangriffen zu leiden.

BESICHTIGUNGEN

Dwejra Lake (108/A 3)
★ An der Westküste von Gozo hat sich die See durch einen lichten Tunnel einen Weg ins Festland gebahnt und bildet dort jetzt hinter der Felsbarriere einen kleinen See, dessen Ufer von den Bootsschuppen der Fischer aus den Dörfern Gharb und San Lawrenz umstanden ist. Kinder baden dort, Taucher starten von den Anlegern aus zu Exkursionen, und Ausflügler können in kleinen Booten eine Fahrt durch den Tunnel unternehmen. Bei schönem Wetter passieren sie auch das *Azure Window*, einen gleichmäßigen, das Wasser über-

Eine Laune der Natur: Azure Window

GOZO

MARCO POLO TIPS FÜR GOZO

1 Die Tempel von Ggantija
Die eindrucksvollste Tempelanlage der Maltesischen Inseln (Seite 83)

2 Die Zitadelle von Victoria
Gozos schweigende Stadt mit guten Museen und prächtigem Ausblick (Seite 85)

3 Dwejra Lake
Schöne Küstenformationen und ein idyllischer See direkt am Meer (Seite 82)

4 Ramla Bay
Gozos schönster Sandstrand, noch völlig unverbaut (Seite 89)

spannenden Felsbogen an der Küste. Etwas südlich von Dwejra Lake ragt vor der Küste der *Fungus Rock* aus dem Meer auf. Auf ihm wuchs in Kreuzritterzeiten eine schwammartige Heilpflanze, *Fungus melitensis* genannt, die vor allem als Mittel gegen Magenbeschwerden, aber auch zur Stillung von blutenden Wunden genutzt wurde. Zur Bewachung dieser Medizin erbauten die Ritter ihr gegenüber auf dem Festland 1651 den Festungsturm *Qawra Tower*.

Eine Asphaltstraße führt bis an den See, dort ist im Sommer auch ein einfaches Restaurant geöffnet. Es sind auch Bootsausflüge nach Absprache mit den Fischern möglich.

Ggantija (109/D 3)

★ ❄ Der *Tempelkomplex* von Ggantija gilt als sehr gut erhaltene und eindrucksvolle überirdische Kultanlage aus der Jungsteinzeit. Der ovale, 40 m lange *Vorplatz* auf einer künstlich angelegten Terrasse vor den beiden Tempeln war wohl noch für jedermann zugänglich. Er war von einer Mauer aus abwechselnd senkrecht und waagerecht gestellten Steinplatten umfaßt, von der Reste ganz links vor der Tempelfassade noch gut zu erkennen sind. Die beiden auf diesen Vorplatz ausgerichteten *Tempelfassaden*, die ursprünglich wohl mindestens 10 m hoch waren, waren jeweils konkav geformt und trafen in der Mitte in stumpfem Winkel aufeinander. Vor den Fassaden verlief eine steinerne Bank, auf der die Gläubigen Opfergaben ablegten. Den Zugang zu jedem der beiden Tempel bildete ein enger Gang, der links und rechts von mächtigen, senkrecht stehenden Steinen — sogenannten *Orthostaten* — flankiert war. Boden und Decke bildeten ebenfalls riesige Steinplatten. Vor dem Eingang zum linken der beiden Tempel liegt eine Steinplatte mit erhabenem Rand. Brandspuren deuten darauf hin, daß hier Brandopfer dargebracht wurden. Auf der Schwellenplatte selbst steht eine flache Schale, die zur Aufnahme von flüssigen Opfern bestimmt war. In den hintersten der Orthostaten deuten je vier sich gegenüber liegende Löcher darauf hin, daß der Zugang zum Tempel mit Holzbalken versperrt werden konnte.

Das Tempelinnere besteht aus einem breiten Mittelgang und fünf Räumen mit halbrundem Abschluß, den sogenannten Tempelnieren. In einer von ihnen ist noch ein schöner Trilithaltar erhalten.

Lohnend ist auch ein Blick auf die *Umfassungsmauer* des Doppeltempels, die ihn auf drei Seiten umgibt. Die Menschen der Jungsteinzeit haben sie aus abwechselnd senkrecht und waagerecht gelagerten, gigantischen Großsteinen gebildet und damit ein auch heute noch ansprechendes Schmuckelement geschaffen. *Gut ausgeschildert am südlichen Ortsrand von Xaghra gelegen. Standardöffnungszeiten*

Höhle der Kalypso (109/D 2)
Oberhalb der Ramla Bay öffnet sich an einer Felskuppe eine kleine Grotte, die der Nymphe Kalypso und ihrem Geliebten Odysseus als Liebeslager gedient haben soll. Eindrucksvoller als die Grotte ist jedoch der wunderschöne Ausblick von hier oben aus. *Von Xaghra aus über eine gut ausgeschilderte Straße zu erreichen. Frei zugänglich*

Marsalforn (108–109/C–D 2)
Der meistbesuchte Badeort der Insel ist auch für die Einheimischen an warmen Abenden und an den Wochenenden ein beliebtes Ausflugsziel. Man schlendert auf der Uferpromenade und ißt in einem der vielen Restaurants direkt am Wasser. Überragt wird der Ort von einer modernen Christusstatue; einen Spaziergang lohnen die noch immer genutzten Salinen direkt auf den Uferfelsen westlich des einstigen Fischerdorfes.

Mgarr (109/E 4)
Gozos Fährhafen besteht vor allem aus einem großen Parkplatz. Überragt wird er von der neugotischen Kirche *Unserer Herrin von Lourdes* mit ihrem markant spitzen Kirchturm sowie den Festungsmauern des *Fort Chambray*, das Mitte des 18. Jhs. als letzter größerer Bau des Ritterordens entstand. *Fort Chambray zur Zeit nicht zugänglich*

Qala (109/E–F 4)
Das östlichste Dorf der Insel ist vom Tourismus noch weniger berührt als die anderen Inseldörfer. Seine *Windmühle*, von einem deutschen Technikhistoriker liebevoll restauriert, ist das Schmuckstück des Ortes. *Eine Innenbesichtigung der Mühle ist nicht möglich.*

Ta' Pinu (108/B 2)
Eine bedeutende Marienwallfahrtsstätte für alle Malteser ist die 1920–1931 erbaute, neoro-

---

Das Werk einer Riesin

Die tonnenschweren Steine für die Tempel von Ggantija stammen aus einem 5 km entfernten Steinbruch. Noch im letzten Jahrhundert konnten sich die Einheimischen diese Bauten nur als Werke von Riesen vorstellen. Eine örtliche Legende erzählt, eine Riesendame habe die Tempel in einer einzigen Nacht erbaut – und dabei noch ihr Kind auf einem Arm getragen.

GOZO

manische *Basilika* von Ta' Pinu. In ihre Apsis sind die Überreste einer kleinen Kapelle aus dem 15. Jh. einbezogen, in deren Nähe zwei Einheimische vor etwa 110 Jahren wundersame Marienerscheinungen hatten.

In der Folgezeit bewirkte die Gottesmutter von Ta' Pinu zahlreiche Wunder, so daß mit Spenden von Maltesern aus aller Welt das heutige Gotteshaus errichtet werden konnte. Im Kirchenraum, der mit bunten Glasfenstern und Mosaiken geschmückt ist, belegen zahlreiche Votivgaben, aber auch von Geheilten zurückgelassene Krücken und Prothesen die Wundertätigkeit der Gottesmutter, zu der alljährlich noch immer Tausende von Einheimischen pilgern. *Täglich geöffnet*

Victoria/Rabat (108/C 3)

Gozos Hauptstadt, im letzten Jahrhundert offiziell zu Ehren der britischen Königin von Rabat in Victoria umgetauft, ist ein anheimelndes Örtchen mit vielen kleinen Plätzen, engen, noch sehr ursprünglichen Gassen, großen Klöstern, zahlreichen Kirchen und Kapellen sowie einem allmorgendlichen Markt unter freiem Himmel.

Die Hauptachse Victorias bildet die breite, von West nach Ost sanft ansteigende Triq Republlica. Kommt man aus Richtung des Fährhafens Mgarr, liegen an ihr zunächst die *Rundle Gardens*, 1912 vom gleichnamigen britischen Gouverneur angelegt und noch immer Gozos einziger Park. Bevor die Straße den Marktplatz It-Tokk erreicht, passiert sie noch die beiden Opernhäuser der Insel, *Aurora* und *Astra.* Sie gehören den beiden miteinander konkurrierenden Philharmonischen Gesellschaften der Stadt und wurden allein durch Spenden und Eigenleistungen der Mitglieder finanziert. Sie bieten zusammen 2400 Zuschauern Platz und sind damit größer als jedes andere Theater im Inselstaat. Gastspiele großer Opernensembles oder Orchester finden hier nur noch selten statt; heute werden sie als Kinos benutzt — sicherlich mit die außergewöhnlichsten Kinos Europas. Auf dem Marktplatz It-Tokk werden an jedem Werktagmorgen Souvenirs und Gebrauchsgegenstände verkauft; am Sonntag erstreckt sich der *Markt* bis zum benachbarten St. Sabina Square. Südlich dieser beiden Plätze liegen die interessantesten Einkaufsgassen.

★ Nördlich des Marktplatzes erhebt sich der Burgberg mit der *Zitadelle*, in deren Mauern nur noch wenige Menschen leben. Ein Rundgang über die Burgmauern erlaubt grandiose Ausblicke über die Insel; im Innern der Zitadelle ist neben mehreren Museen auch die Kathedrale sehenswert. Der Bau aus der Zeit um 1700 beeindruckt durch Schlichtheit und Ausgewogenheit. Höchst gelungen ist das perspektivische Kuppelgemälde, das täuschend echt eine mächtige Kuppel simuliert, wo in Wahrheit die Decke doch nur flach ist.

Am westlichen Ortsrand von Victoria fällt entlang der Straße zum Dwejra Lake ein *Aquädukt* auf, über das Victoria seit der Mitte des 19. Jhs. mit Wasser versorgt wurde. Am südlichen Ortsrand passiert die Straße nach

Xlendi im Ortsteil Fontana ein Waschhaus, das der deutsche Ordensritter Wolfgang Philipp Guttenberg um 1700 den Insulanern schenkte.

Xaghra (109/D 3)
❂ Xaghra ist eins der größten und lebhaftesten Dörfer der Insel. Hauptsehenswürdigkeit ist die 1725 erbaute, sehr ansprechend als Museum hergerichtete Windmühle *Ta'Kola (Standardöffnungszeiten);* am Dorfplatz erinnern Bars mit den Namen *Silver Jubilee* und *Diamond Jubilee* an die Kolonialzeit. Unter zwei Privathäusern sind kleine Tropfsteinhöhlen entdeckt worden, die man besichtigen kann: *Ninu's Cave (January Street 18)* und *Xerri's Grotto (Xerri Grotto's Street 31).*

Die Mühle liegt zwischen dem Tempel von Ggantija und dem Dorfplatz; den Weg zu den beiden Tropfsteinhöhlen finden Sie über eine Beschilderung vom Dorfplatz ausgehend.

Xewkija (108–109/C–D 4)
Die Bewohner dieses stillen Dorfes sind stolz auf ihre selbst finanzierte, erst 1978 geweihte Kirche. Mit 75 m Höhe soll sie die dritthöchste Kuppel Europas besitzen, mit Sicherheit aber die höchste des maltesischen Staates. Das kleine Gozo konnte hier einmal das große Malta und dessen stolze Rotunde von Mosta übertreffen.

Xlendi (108/B 4)
⚥ Gozos Küsten sind durch viele kleine Fjorde gekennzeichnet. Am inneren Ende der Xlendi Bay liegt der zweite Badeort der Insel, Xlendi. Der Strand ist win-

Klein mit unverwechselbarer Atmosphäre: Xlendi auf Gozo

zig; zum Sonnen begibt man sich besser auf die wohlpräparierten Uferfelsen. Für Häuser ist nur wenig Platz, alles ist hier eng aneinandergedrängt. Gerade das aber schafft eine unverwechselbare Atmosphäre. Nachdem man einen Abend lang an der nur 100 m langen Uferpromenade gesessen hat, kennt man jeden, der in Xlendi Urlaub macht. Zu sehen gibt es hier nichts, Atmosphäre ist alles.

MUSEEN

Archäologisches Museum (Archaeological Museum)
Im *Casa Bondi,* einem restaurierten Adelspalast aus dem 16. Jh., werden auf zwei Etagen Funde aus Gozo ausgestellt. Neben Keramik und Münzen aus vielen Jahrhunderten fallen zwei Steinplatten besonders auf. Die im Erdgeschoß trägt auf der Schmalseite das Relief einer Schlange und stammt aus den Tempeln von Ggantija; die im Oberge-

GOZO

schoß trägt eine arabische Grabinschrift in kufischer Schrift aus dem 12. Jh. *Standardöffnungszeiten, Zitadelle, Victoria*

Folkloremuseum
Ein sehr schönes Museum auf Gozo ist in zwei restaurierten Häusern im sizilo-normannischen Stil aus dem 14. Jh. untergebracht. Türbögen und Fenster weisen feine Steinmetzarbeiten auf. Zu sehen sind Landwirtschafts-, Fischerei- und Haushaltsgeräte aus den letzten Jahrhunderten sowie Trachten, Spitzenklöppeleien, Webdecken und silberne Votivtäfelchen. Ein Weinkeller und eine einst von Eseln betriebene Kornmühle wurden hier wieder aufgebaut. *Standardöffnungszeiten, Zitadelle, Victoria*

Gozo Heritage
Mit Hilfe von lebensgroßen Puppen werden in diesem privaten Museum Szenen aus der Geschichte Gozos nachgestellt. Licht- und Toneffekte sowie Erklärungen vom Band in mehreren Sprachen sollen stimmungsvoll Geschichtskenntnisse vermitteln.

Der Rundgang endet in einem Souvenirgeschäft mit Bar. *Mo bis Sa 9–17.15 Uhr, Eintritt 1 Lm, Ghajnsielem, an der Hauptstraße zwischen Mgarr und Victoria*

Kathedralmuseum (Cathedral Museum)
In der Sakristei der Kathedrale werden liturgische Geräte und Gewänder sowie wertvolle Weihgaben und auch Dokumente zur Geschichte der Diözese gezeigt. *Mo–Sa 11–16 Uhr, Zitadelle, Victoria*

Naturkundliches Museum (Natural Science Museum)
In fünf Sälen werden neben Tieren und Pflanzen aus aller Welt auch Sammlungen zu Flora, Fauna und Geologie der Maltesischen Inseln gezeigt. *Standardöffnungszeiten, Zitadelle, Victoria*

Waffenmuseum (Armoury)
In einer 1776 erbauten Waffenkammer der Ordensritter werden Kriegswerkzeuge und Rüstungen gezeigt. *Standardöffnungszeiten, Zitadelle, Victoria*

RESTAURANTS

Dragon
Ein chinesisches Restaurant im Hotel Calypso. *Tgl. 12–14.30 und 18.30–23 Uhr, am Hafen von Marsalforn, Kategorie 2*

La Laguna
Restaurant mit vielen Fischgerichten nahe dem Hafen. *Tgl. 12–15 und 18–23 Uhr, St. Andrew Street 14, Xlendi, Kategorie 3*

Oleander
❂ Familiäres Restaurant mit deftiger Küche. *Tgl. 11–22 Uhr, im Winter nur 11–15 Uhr, Dorfplatz von Xaghra, Kategorie 3*

Ta' Frenc
Stimmungsvolles, gepflegtes Restaurant mit exzellenter Küche in einem restaurierten Gutshof aus dem 14. Jh. untergebracht. *So–Fr 12–14, tgl. 19–22 Uhr; Jan–März nur Do–So geöffnet. An der Straße zwischen Victoria und Marsalforn, Kategorie 1*

Tal Barraka
Kleines, recht stimmungsvolles Abendrestaurant mit Plätzen im

Freien am Fischerhafen. Reservierungen nimmt man tagsüber in der oberhalb gelegenen *Gleneagles Bar* vor. *Mai–Okt. tgl. ab 18 Uhr, Mgarr, Kategorie 2*

EINKAUFEN

Fontana Cottage Industry
Souvenirgeschäft, in dem vor allem Web-, Strick- und Klöppelarbeiten verkauft werden. Weben und Klöppeln werden hier auch demonstriert. *Xlendi Road, Victoria (gegenüber vom Waschhaus im Ortsteil Fontana)*

Gozo Crafts Centre
Läden mit guter Auswahl an gozitanischen Handarbeitsprodukten. *Zitadelle, Victoria*

Ta' Dbiegi
In den kleinen Gebäuden einer alten Kaserne werden Produkte aus Leder und Wolle, Spitzen und Filigranschmuck hergestellt und verkauft. *San Lawrenz, an der Straße zum Dwejra Lake*

HOTELS

Eine auf Gozo beliebte Unterkunftsform sind zu Ferienhäusern ausgebaute, historische Bauernhäuser. Sie werden von Reiseveranstaltern angeboten, können aber auch auf Gozo gebucht werden. In Xlendi wohnt man fast ausschließlich in Apartments, während es in Marsalforn auch mehrere Hotels gibt.

Andar
Modernes Hotel, Pool, gute Aussicht. *88 Zi., Munxar, Tel. 56 07 36, Fax 56 07 37, Kategorie 2*

Atlantis
Familiäres Hotel mit Pool in einem Neubauviertel, ruhig gelegen. *46 Zi., Triq Il-Qolla, Marsalforn, Tel. 55 46 85, Fax 55 56 61, Kategorie 2*

Der Apostel Paulus auf Malta

Die Malteser sind sehr stolz darauf, daß der Apostel Paulus ihrer Insel schon im Jahr 59 das Christentum gebracht hat. Wie die Apostelgeschichte erzählt, erlitt er an einer Insel namens *Melite* Schiffbruch und wurde von deren Bewohnern ausgesprochen freundlich aufgenommen. Als er den normalerweise tödlichen Biß einer giftigen Otter unbeschadet überstand, hielten ihn die Insulaner für einen Gott. Er wurde vom obersten Römer der Insel, Publius, empfangen, dessen Vater er durch Handauflegung heilte. Paulus vollbrachte während seiner drei Monate auf Melite noch viele weitere Wunder; davon, daß er Publius oder die Inselbewohner zum Christentum bekehrte, steht im Neuen Testament jedoch nichts. Alles, was die Malteser sonst noch über den Aufenthalt des Apostels auf ihrer Insel zu wissen glauben, entspringt örtlichen Legenden. Neuerdings wird von Theologen sogar bezweifelt, daß Melite identisch sei mit Malta: Vieles spricht dafür, daß Paulus nicht bei Malta, sondern bei der griechischen Insel Kefallinia strandete. Davon freilich wollen die Malteser gar nichts wissen.

GOZO

St. Joseph
Einfache Privatpension mit 5 Zimmern. *Conception Street, Qala, Tel. 55 65 73, Kategorie 3*

Ta' Cenc
Bungalowhotel unter italienischer Leitung auf dem höchsten Punkt der Insel mit Pool und schönem Garten; Busservice zur Badebucht (Felsküste). Erstklassiger Service, mehr Angestellte als Gästebetten. *82 Zi. Sannat, Tel. 55 68 30, Fax 55 81 99, Kategorie 1*

STRÄNDE

Ghasri Valley (108/B 2)
Flußartiger, von niedrigen Felsen gesäumter Fjord, an dessen innerem Ende man gut ins Wasser gelangt. *Sehr ruhig und etwas einsam, 3,5 km westlich von Marsalforn gelegen*

Hondoq Bay (109/F 4)
Etwa 15 m langer Sand-Kies-Strand *2 km unterhalb des Dorfes Qala.*

Mgarr Ix-Xini (109/D 5)
2 km lange, schmale Felsbucht mit dem Strandbad des Hotels *Ta' Cenc* und Liegeflächen auf Beton, *2,5 km unterhalb des Dorfes Sannat.*

Ramla Bay (109/D-E 2)
★ Langer, breiter rötlicher Sandstrand an der Nordküste. *Im Sommer Busverbindung mit Victoria*

San Blas (109/E 3)
Winziger, einsam gelegener Sand-Kies-Strand, *2 km unterhalb von Nadur.*

Xwieni Bay (108/C 1-2)
Felsbucht, *etwa 1,5 km westlich von Marsalforn.*

Mit vielen Tricks wird die dünne Erdschicht beackert: Tomatenanbau mit Kakteenblättern

SPORT

Zahlreiche Wassersportarten, darunter auch Tauchen und Surfen, werden in *Marsalforn* und *Xlendi* angeboten. Tennisplätze gibt es in *Marsalforn* und *Victoria*. Ein Reitstall liegt an der Straße zwischen *Victoria* und *Marsalforn*; außerdem gibt es eine Trabrennbahn.

AM ABEND

La Grotta
★ Die große Diskothek lockt ihre Gäste mit zwei Tanzflächen, eine in einer Grotte und eine im Freien. *Tgl. ab 21 Uhr, Okt.–Mai nur Fr–So; 1 km oberhalb von Xlendi an der Straße nach Victoria*

Platinum
Cocktail-Lounge mit Tanzfläche im Hotel *Calypso*. *Tgl. 19–1 Uhr, Marsalforn*

AUSKUNFT

National Tourist Organisation
Hafen, Mgarr, Tel. 55 33 43
Triq Palma/Triq Repubblica, Victoria, Tel. 55 64 54

Malta und Gozo
Kreuz und Quer

Die hier beschriebenen Routen sind auf der Übersichtskarte vorn und im Atlas ab Seite 108 grün markiert, der Spaziergang durch Valletta im Stadtplan im hinteren Umschlag

① SPAZIERGANG DURCH VALLETTA

Die Inselhauptstadt besucht man am besten mit dem Linienbus, denn Parkplätze sind knapp und teuer. Den Autos von Parksündern wird erbarmungslos die Kralle angelegt, die wieder lösen zu lassen viel Geld kostet. Da die Geschäfte und viele Museen schon am frühen Nachmittag schließen, lohnt es sich, früh aufzustehen, wenn man viel sehen möchte. Gesamtlänge des Rundgangs: ca. 3,5 km. Dauer ohne Innenbesichtigungen und Kaffeepausen bzw. Mittagessen: ca. 90 Minuten. Mit Pausen und Besichtigungen kann daraus leicht ein ganzer Tag werden.

Die Linienbusse, die Valletta von allen Inselorten aus ansteuern, halten am großen Platz vor dem *City Gate* (S. 36). Hier herrscht buntes Treiben: Pausierende Busfahrer stehen schwatzend zusammen, Passanten gönnen sich einen Imbiß, Musikverkäufer spielen ihre Kassetten ab, Taxifahrer warten auf Kundschaft und Losverkäufer machen Hoffnung auf das große Glück. Hat man das City Gate durchschritten, steht man sogleich am Anfang der *Republic Street*. Wer sich über aktuelle Veranstaltungen informieren möchte, wendet sich sofort nach rechts und schaut ins Büro der *Tourist Information* hinein.

Zunächst sollte man sich von der Atmosphäre der oft fahnengeschmückten Republic Street einfangen lassen. Einige wenige Läden haben noch schöne alte, farbige Holzfassaden, die meisten aber geben sich ganz modern. Auffällige Werbung ist wegen des historischen Stadtbildes verboten, so daß selbst der berühmteste Hamburger-Verkäufer der Welt erst zu erkennen ist, wenn man dicht davor steht. Lohnend ist ein kurzer Gang hinein in die Häuser der Philharmonischen Gesellschaften, *La Valette (Republic Street 297)* und *The King's Own (Republic Street 275)*, deren geräumige Bars im Erdgeschoß ein typischer Treffpunkt maltesischer Männer sind. Zwischen beiden Gebäuden erhebt sich auch das *Archäologische Nationalmuseum* (S. 41), das auf jeden Fall einen Besuch wert ist.

ROUTEN AUF MALTA

Geht man nach Verlassen des Museums ein paar Schritte auf der Republic Street weiter und wendet sich dann nach rechts, steht man sogleich vor der *St. John's Co-Kathedrale* (S. 39), der schönsten und bedeutendsten Kirche der Stadt. Auf der Republic Street gelangt man kurz darauf zum Great Siege Square mit der eindrucksvollen Säulenvorhalle der *Law Courts* (S. 38) und dann zum Republic Square mit seinen Straßencafés. Ins *Café Cordina* (S. 44) solle man seiner Innengestaltung wegen auf jeden Fall einmal hineinschauen. Draußen sitzt man in allen Cafés jedoch gleich gut.

Nach einer Rast geht es weiter zum Palace Square, der leider mit den Autos von Parlamentariern vollgeparkt ist: Der am Platz stehende *Großmeisterpalast* (S. 36) beherbergt heute auch das maltesische Parlament. Geht man die Republic Street nun ganz hinunter bis zur North Street, kommt man an einigen empfehlenswerten Juweliergeschäften vorbei, die vor allem maltesische Silberfiligranarbeiten anbieten. Durch die North Street erreicht man später die *Sacra Infermeria* (S. 38) mit der eindrucksvollen Ausstellung *The Knights Hospitallers* (S. 39) und der sehenswertesten der vielen maltesischen Multivisionsschauen, der *Malta Experience* (S. 42).

Folgt man nun der Uferstraße am Grand Harbour entlang, ist man schnell in den *Lower Barracca Gardens* (S. 38), die zu einer erneuten Rast einladen. Dann geht es weiter durch die East Street und schließlich die Stufen der St. John's Street empor bis zur *Merchants Street*. Hier findet an jedem Werktagmorgen ein Straßenmarkt statt; außerdem gibt es hier mehrere preiswerte Restaurants fürs Mittagessen.

Schlendert man anschließend die Merchants Street aufwärts bis zu ihrem Ende, kommt man zur *Auberge de Castille* (S. 36). Ein kurzer Abstecher von dort führt zu den *Upper Barracca Gardens* (S. 40), die einen besonders schönen Blick auf den Grand Harbour bieten. Folgt man der South Street in die entgegengesetzte Richtung, gelangt man am *Nationalmuseum der Schönen Künste* (S. 43) vorbei zum Anleger der *Sliema Ferry*, mit der man nach Sliema übersetzen kann. Dabei hat man einen schönen Blick auf die hohen Stadtmauern Vallettas vom Wasser aus.

② MIT DEM AUTO DURCH DEN SÜDEN

Der maltesische Süden zeichnet sich durch schöne Küstenorte, steinzeitliche Tempel und mehrere Natursehenwürdigkeiten aus. Auch zum Baden besteht Gelegenheit. Am besten unternimmt man die Rundfahrt an einem Sonntag, da man dann auch gleich den großen Markt in Marsaxlokk miterleben kann. Aber denken Sie daran: Sonntags sind nur wenige Tankstellen und auch die nur bis 12 Uhr geöffnet! Länge der Rundfahrt ab und bis St. Julian's: ca. 70 km, Dauer: ein Tag.

Das städtische Ballungsgebiet Maltas umfahren Sie am besten auf der in St. Julian's beginnenden Schnellstraße, indem Sie immer den Wegweisern zum Airport folgen. Dabei passieren Sie auch Maltas einzige Straßentunnel, in denen nur Ausländer das Licht anschalten – die Malteser fahren mit unbeleuchteten Autos hindurch. Am Kreisverkehr in *Marsa* (S. 33) achten Sie auf die Schilder nach *Paola* (S. 48) und *Zabbar* (S. 51), das sie mit dem Hompesch-Bogen begrüßt. In Zabbar wenden Sie sich dann nach rechts und fahren hinunter zum Küstenort *Marsascala* (S. 54) mit der *St. Thomas Bay*. Von dieser Bucht aus geht es weiter nach *Zejtun* (S. 59) und nach *Marsaxlokk* (S. 58), wo Sie sich sicherlich längere Zeit aufhalten werden. Marsaxlokk ist auch der ideale Ort fürs Mittagessen. An der weiten Bucht von Marsaxlokk entlang kommen Sie nun nach *Birzebugga* (S. 55) mit der nahen Höhle *Ghar Dalam* (S. 56).

Nachdem Sie Birzebugga mit dem großen neuen Hafen von *Kalafrana* (S. 55) durchquert haben, wendet sich die Straße wieder landeinwärts. Einen Abstecher lohnt kurz darauf die Höhle *Ghar Hassan* (S. 56). Sie liegt in einem Gebiet, in dem die Malteser im Winterhalbjahr besonders gern auf die eher als Vogelmord zu bezeichnende Vogeljagd gehen. Die Hauptstraße führt am Industriegebiet von *Hal Far* vorbei, das auf einem Flugfeld aus dem Zweiten Weltkrieg angelegt wurde. Nächste Ziele sind *Wied iz-Zurrieq* (S. 59), der Ausgangspunkt für eine Bootsfahrt zur *Blauen Grotte* (S. 55), und die neolithischen Tempel *Hagar Qim* (S. 57) und *Mnajdra* (S. 58). Die Landschaft hier ist ideal für ein Picknick. Einen letzten Abstecher von der Küstenstraße aus lohnt dann die Bucht von *Ghar Lapsi* (S. 70), in der man auch baden kann. Über *Siggiewi* (S. 71) geht es zurück in die Urlaubsorte.

③ MIT DEM AUTO DURCH DEN NORDEN UND WESTEN

Für diese Rundfahrt sollte man im Sommer auf jeden Fall das Badezeug mitnehmen, denn sie führt zu den schönsten Inselstränden. Außerdem lernt man auf dieser Tour auch den landwirtschaftlich am intensivsten genutzten Teil der Insel kennen, der im Winter und Frühjahr überraschend grün ist. Mdina und Rabat werden im Rahmen der hier vorgeschlagenen Rundfahrt nicht besucht, obwohl sie Ausgangspunkt der Tour sind: Dieser Doppelort hat so viel zu bieten, daß man ihn besser an einem anderen Tag – und dann viel preiswerter mit dem Linienbus – besucht. Länge der Rundfahrt ab und bis Rabat: ca. 80 km, Dauer: ein Tag.

In Rabat folgt man zunächst dem Wegweiser zu den *Buskett Gardens* (S. 70). Am Parkplatz unterhalb des Parks kann man das Auto stehenlassen und die wenigen Meter zu *Clapham Junction* (S. 70) mit ihren rätselhaften Karrenspuren laufen. Anschließend fährt man geradeaus weiter und ist schon nach zwei Minuten am Steilufer der *Dingli Cliffs* (S. 70), die man nun nach rechts bis hin zum Restaurant *Bobby Land* entlangfahren kann. Dort wird gewendet und kurz darauf nach links zum Dorf Dingli abgebogen. Durch Dingli geht es zurück nach Rabat.

Am Fuß des Steilhangs von Mdina entlang führt die Tour weiter und erreicht *Mgarr* (S. 78) mit seiner markanten Kirchenkuppel. Hier beginnt mit der *Gnejna Bay* (S. 77) der Reigen der maltesischen Strände. Am Weg von Mgarr zur *Golden Bay* (S. 77) liegen links unterhalb der Straße die *Römischen Thermen* (S. 79), die einen Stopp lohnen.

ROUTEN AUF MALTA

Von der Golden Bay führt eine kleine, schmale Straße hinauf nach *Manikata*, die bei Mellieha wieder auf die Inselhauptstraße mündet. Unterwegs eröffnen sich immer wieder schöne Ausblicke in die fruchtbaren Täler der Insel. Kurz darauf zweigt eine Stichstraße nach links zum *Popeye Village* (S. 78) ab. Die Hauptstraße passiert nun den vielbesuchten Sandstrand der *Mellieha Bay* (S. 78) und steigt dann kurvenreich auf die Marfa Ridge an. Oben zweigt eine kleine Straße nach rechts ab, über die man die verschiedenen kleinen Strände der Nordküste, wie die *Armier Bay* (S. 76), erreichen kann. Schöner zum Baden ist freilich die *Paradise Bay* (S. 78) nahe dem Fährhafen *Cirkewwa* (S. 95).

Nach dem Besuch der Strände kann man dann noch *Mellieha* (S. 77) einen Besuch abstatten, bevor man in seinen Urlaubsort oder nach Rabat zurückkehrt.

④ EIN TAG AUF DER INSEL GOZO

Einen Tagesausflug nach Gozo unternimmt man am besten mit dem Mietwagen. Will man nicht selbst am Steuer sitzen, sollte man eine organisierte Bustour dorthin buchen, denn mit Linienbussen kann man Gozo kaum an einem Tag kennenlernen. Gesamtlänge der Rundfahrt auf Gozo: ca. 45 km; hinzu kommt die Anfahrt zum Fährhafen Cirkewwa.

In Mgarr angekommen, geht es zunächst die Straße hinauf in Richtung Victoria. Sie kommen an der nicht sonderlich aufregenden Multivisionsschau *Gozo Heritage* (S. 87) vorbei und erreichen den Rand des Dorfes *Xewkija* (S. 86) mit seiner gewaltigen Kirchenkuppel. Hier zweigt nach rechts eine kleinere Straße in Richtung *Xaghra* (S. 86) ab. Nach Durchquerung der Ebene klettert sie einen der für Gozo typischen, niedrigen Tafelberge hinauf.

Gleich am unteren Ortsanfang steht der *Tempel von Ggantija* (S. 83), den man sich auch dann anschauen sollte, wenn man schon Tempel auf Malta besichtigt hat. Anschließend geht es an der Windmühle vorbei auf den Dorfplatz mit seinen sehr urigen Bars, wo man auf jeden Fall einen Kaffee trinken sollte. Gleich neben der Dorfkirche weist ein Wegweiser zur *Höhle der Kalypso* (S. 84) hoch über der sandigen *Ramla Bay* (S. 89). Von hier kehrt man nicht ins Zentrum von Xaghra zurück, sondern fährt weiter nach *Marsalforn* (S. 84) an der Nordküste.

Nächstes Ziel ist dann die Inselhauptstadt *Victoria* (S. 85), wo man seinen Wagen auf dem zentrumsnahen Großparkplatz neben dem Busbahnhof abstellen sollte. Nach der ausgiebigen Besichtigung der Zitadelle geht es nach *Xlendi* (S. 86) an der Südküste, wo man direkt am Ufer zu Mittag essen und im Sommer auch ein Bad nehmen könnte.

Über Victoria führt die Tour weiter gen Westen. Lohnend ist ein kurzer Abstecher zur Wallfahrtskirche *Ta' Pinu* (S. 89), bevor man den *Dwejra Lake* (S. 82) ansteuert. Von dort kann man dann entweder auf dem kürzesten Weg zum Fährhafen Mgarr zurückkehren oder noch einen Schlenker durch die sehr ländlich gebliebenen Dörfer *Nadur* (S. 29) und *Qala* (S. 84) unternehmen.

Von Auskunft bis Zoll

Hier finden Sie kurzgefaßt die wichtigsten Adressen und Informationen für Ihre Maltareise

AUSKUNFT

Fremdenverkehrsamt Malta
Schillerstraße 30–40, 60313 Frankfurt/Main, Tel. 069/28 58 90, Fax 28 54 79

BANKEN

Geldwechsel
Die Landeswährung ist die Malta Lira (Lm). Sie ist unterteilt in 100 Cents (c). Alle Banken wechseln Geld und lösen Reise- und Eurocheques ein. Die Banken haben unterschiedliche Öffnungszeiten. *Kernzeiten sind Mo–Fr 8.30–12.45 und Sa 8.30–12 Uhr.* Die Wechselbüros am Flughafen sind rund um die Uhr geöffnet. Vor vielen Banken findet man auch jederzeit zugängliche Wechselautomaten, die zahlreiche Währungen akzeptieren, sowie Bargeldautomaten, an denen man mit Kredit- oder ec-Karte und PIN-Code Bargeld abheben kann. Sie funktionieren allerdings häufig nicht. Viele Hotels, Reisebüros und Geschäfte wechseln ebenfalls Geld; der Kurs ist jedoch zum Teil erheblich schlechter als bei den Banken. Eurocheques können auf maximal 70 Lm ausgestellt werden. Kreditkarten werden akzeptiert.

BESICHTIGUNGEN

Für alle Museen in Staatsbesitz und für sämtliche archäologischen Stätten gelten Standardöffnungszeiten. Auf Malta: *1. Okt. bis 15. Juni Mo–Sa 8.15–17 Uhr, So 8.15–16.15 Uhr; 16. Juni–30. Sept. tgl. 7.45–14 Uhr. Auf Gozo: 1. April.–15. Juni und 16.–30. Sept. Mo–Sa 8.30–18.30, So 8.30–15 Uhr; 16. Juni–15. Sept. Mo–Sa 8.30–19 Uhr; 1. Okt.–31. März Mo–Sa 8.30–16.30, So 8.30–15 Uhr.*

An gesetzlichen Feiertagen sind Museen und Ausgrabungen auf beiden Inseln grundsätzlich geschlossen. Der Eintrittspreis beträgt generell 1 Lm; Kinder unter 16 Jahren zahlen die Hälfte. Pfarrkirchen stehen den ganzen Tag über offen. Museen in Kirchen- oder Privatbesitz haben eigene Öffnungszeiten und Preise, die bei den jeweiligen Beschreibungen angegeben sind. Der Eintrittspreis zu den meisten Multivisionsschauen ist übeteuert.

PRAKTISCHE HINWEISE

BUSSE

Linienbusse verbinden Valletta mit allen sowie Sliema und St. Paul's Bay mit den touristisch wichtigsten Orten der Insel. Die Fahrpreise sind niedrig, die Fahrplanfolge ist dicht. *Die Busse verkehren werktags zwischen etwa 5.30 und 21 Uhr, am Wochenende nur zwischen etwa 7 und 19 Uhr.* Gedruckte Fahrpläne gibt es nicht. Die Busse tragen zwar Nummern, aber keine Fahrzielangaben. Fahrscheine werden immer beim Fahrer gelöst. Für Gozo gilt gleiches; hier sind die Buslinien alle auf Victoria ausgerichtet. Die jährlich aktualisierte *Malta Bus Map* listet alle Verbindungen auf. Ein Wochenticket für 4 Lm ist in vielen Banken erhältlich, lohnt aber nur, wenn man täglich mindestens fünfmal Bus fährt.

CAMPING

Zwei Campingplätze sind in Planung, eröffnen aber frühestens 1999; Lage noch unbekannt.

DIPLOMATISCHE VERTRETUNGEN

Deutsche Botschaft
Il-Pjazetta, Tower Road, Sliema, Tel. 33 65 31 und 33 65 20

Österreichischer Ehrenkonsul
J. R. Darmanin, Tigné Sea Front Road 19, Sliema, Tel. 34 34 44

Schweizer Ehrenkonsul
M. Lowell, Zachary Street 6/7, Valletta, Tel. 24 41 59

EINREISE

Für die Einreise genügt ein gültiger Personalausweis. Kinder unter 16 Jahren benötigen einen Kinderausweis mit Lichtbild oder müssen im Reisepaß eines Elternteils eingetragen sein.

Die Einfuhr von Devisen ist frei. Für Malteische Lira gilt bei Einreise ein zulässiger Höchstbetrag von 50 Lm, bei Ausreise von 25 Lm. Haustiere dürfen nicht eingeführt werden.

FÄHRVERKEHR

Zwischen *Cirkewwa* an der Nordküste Maltas und *Mgarr* auf Gozo verkehren ganzjährig Autofähren. Die Fahrzeit beträgt etwa 30 Minuten. *Zwischen November und März werden täglich 12 Abfahrten zwischen 6.45 und 22 Uhr angeboten, in den übrigen Monaten bis zu 20 Abfahrten rund um die Uhr.* Ein bis zwei Fähren täglich verkehren zwischen *Sa Maison* auf Malta und *Mgarr*. Kleine Boote pendeln während der Saison den ganzen Tag über zwischen *Mgarr, Comino* und *Cirkewwa*. Zwischen Sliema und Valletta verkehren tagsüber Personenfähren.

FKK

Nudismus ist in Malta streng verboten. Oben ohne ist verpönt.

JUGENDHERBERGEN

Es gibt auf Malta fünf gute Jugendherbergen. Auskunft erteilt *NSTS, St. Paul Street 220, Valletta VLT 07, Tel. 24 49 83, Fax 23 03 30*

LEIHFAHRZEUGE

Zahlreiche Mietwagenunternehmen wetteifern in Malta um die Gunst der Urlauber; dementsprechend niedrig sind die Tarife. Sie schließen immer eine unbegrenzte Zahl von Freikilometern ein. Der Mieter muß mindestens 25 Jahre alt sein. Der nationale Führerschein genügt. Der Abschluß einer Vollkaskoversicherung ist empfehlenswert. Um in den Genuß dieses Versicherungsschutzes zu kommen, muß dann aber bei jedem noch so kleinen Unfall die Polizei gerufen werden, auch wenn kein Dritter dabei zu Schaden kam.

Fahrräder und Mopeds werden nur von vier kleinen Firmen in *Gzira* und *St. Julian's* angeboten. Sie sind auf dem verkehrsreichen Malta kein geeignetes Transportmittel.

NOTRUF UND NOTARZT

Polizei Tel. 191; Krankenwagen Tel. 196; Feuerwehr Tel. 199.

POST UND TELEFON

Post und Telefon sind in Malta zwei getrennte Institutionen. *Die Postämter sind ganzjährig Mo bis Sa von 7.30 bis 12.45 Uhr geöffnet.* Briefmarken sind beim Postkartenkauf auch in vielen Läden und Hotels erhältlich.

Für alle Arten der Telekommunikation ist die *Telemalta Corporation* zuständig. Sie unterhält Telefonämter am *Flughafen* und in den größeren Orten. Hier und in vielen Geschäften kann man Telefonkarten zu 2, 3 oder 5 Lm kaufen. Kartentelefone sind weit verbreitet, Münzfernsprecher gibt es nicht mehr. Mobiltelefone kann man in allen Büros der *Telecell* tageweise mieten. Für Gespräche nach Malta und Gozo gilt die Vorwahl 00356. Von Malta aus ist Direktwahl ins Ausland möglich. Die Vorwahlnummern:

Deutschland 00 49, Österreich 00 43, Schweiz 00 41 (dann Ortsvorwahl ohne 0).

SPRACHE

Für die richtige Aussprache maltesischer Ortsnamen ist es wichtig, einige Grundregeln zu kennen:
q und gh bleiben stumm;
x wird wie sch ausgesprochen;
s wird immer stimmlos wie in deutsch »Klasse« ausgesprochen.

STROMSPANNUNG

240 V Wechselstrom; ein Zwischenstecker ist meist erforderlich.

TAXI

Taxis sind etwa so teuer wie bei uns und weitaus seltener als in anderen Mittelmeerländern. Es gibt nur wenige Standplätze und keine zentrale Funktaxi-Rufnummer. Man läßt sich also Taxis am besten von Hotels und Restaurants bestellen.

Taxameter sind vorhanden, werden jedoch nur ungern eingeschaltet. In einem solchen Fall muß der Fahrpreis unbedingt im voraus ausgehandelt werden.

TRINKGELD

Handhabung wie bei uns. In einigen Restaurants wird ausdrücklich darauf hingewiesen, daß kein Bedienungsgeld im Rechnungsbetrag enthalten ist; hier gibt man mindestens 10 Prozent.

PRAKTISCHE HINWEISE

VERKEHRSREGELN

Auf Malta herrscht Linksverkehr. Vorfahrt hat, wer von rechts kommt. Im Kreisverkehr haben, wenn nicht anders gekennzeichnet, die Fahrzeuge im Kreis Vorfahrt. Die zulässige Höchstgeschwindigkeit beträgt in geschlossenen Ortschaften 50 km/h, auf Landstraßen 80 km/h. Die Verkehrsdisziplin in Malta ist äußerst niedrig.

ZEITUNGEN

Deutschsprachige Zeitungen sind in vielen Hotels und Geschäften erhältlich.

ZOLL

Gegenstände für den persönlichen Gebrauch sowie 200 Zigaretten sind zollfrei. Geschenke im Wert von über 2 Lm sind theoretisch zollpflichtig.

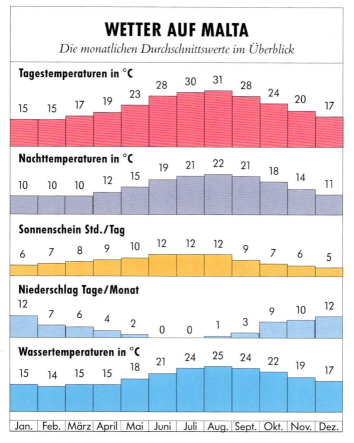

Bloß nicht!

*Auch in Malta gibt es —
wie in allen Reiseländern — Touristenfallen und Dinge,
die man besser meidet*

Maltesische Abende
Eine lebendige maltesische Folklore gibt es nicht. Weil Urlauber aber Folkloreabende aus anderen Mittelmeerländern gewohnt sind, werden sie auch in Malta veranstaltet. Geboten wird dabei vor allem angelsächsische Tanzmusik, ergänzt durch eine maltesische Tanzgruppe in phantasievollen Kostümen, die eine Art frei erfundenes, volkstümelndes Ballett tanzt. Das kann zwar amüsant sein, ist jedoch nie authentische Folklore.

Tanken vergessen
In Malta kann man nicht jederzeit tanken. Benzin gibt es montags bis samstags nur von 8 bis 18 Uhr. Am Sonntag sind nur einige wenige Tankstellen von 8 bis 18 Uhr geöffnet; ihre Namen und Adressen nennt die maltesische Sunday Times.

Festas auf eigene Faust
Zu allen maltesischen Festas bieten Hotels und Reisebüros organisierte Busausflüge an. Die Teilnahme lohnt, da so die Rückfahrt am Abend gesichert ist. Wer eine Festa auf eigene Faust besucht, findet nach 21 Uhr nur selten ein Taxi und auf keinen Fall einen Linienbus für den Heimweg.

Autofahren bei Dunkelheit
Maltas Straßen sind schon bei Tage schlecht genug. Bei Dunkelheit sind sie katastrophal unsicher. Fahrbahnmarkierungen und Begrenzungspfähle fehlen; entgegenkommende Autos blenden entweder nicht ab oder sind unbeleuchtet; Wegweiser sind nur schwer zu erkennen. Größte Vorsicht ist angebracht!

Souvenirs
Maltesische Fischer sind nicht zimperlich, wenn ihnen die vom Aussterben bedrohten Meeresschildkröten ins Netz gehen. Sie lassen sie in der Sonne vertrocknen und verkaufen ihren Panzer auf dem Markt. Der Import von Schildkrötenpanzern in die deutschsprachigen Länder ist aber ebenso streng verboten wie auch die Einfuhr anderer vom Washingtoner Artenschutzabkommen geschützter Tiere. Also Hände weg auch von Elfenbein, ausgestopften Fischen und Vögeln!

SPRACHFÜHRER ENGLISCH

Sprechen und Verstehen ganz einfach

> Zur Erleichterung der Aussprache sind alle englischen Wörter mit einer einfachen Aussprache (in eckigen Klammern) versehen. Folgende Zeichen sind Sonderzeichen:
> ə   nur angedeutetes »e« wie in bitte
> θ   [s] gesprochen mit der Zungenspitze zwischen den Zähnen

AUF EINEN BLICK

Ja./Nein.	Yes. [jäs]/No. [nəu]
Vielleicht.	Perhaps. [pə'häps]/Maybe. ['mäibih]
Bitte.	Please. [plihs]
Danke.	Thank you. ['θänkju]
Vielen Dank!	Thank you very much. ['θänkju 'wäri 'matsch]
Gern geschehen.	You're welcome. [joh 'wälkəm]
Entschuldigung!	I'm sorry! [aim 'sori]
Wie bitte?	Pardon? ['pahdn]
Ich verstehe Sie/dich nicht.	I don't understand. [ai dəunt andə'ständ]
Ich spreche nur wenig …	I only speak a bit of … [ai 'əunli spihk ə'bit əw …]
Können Sie mir bitte helfen?	Can you help me, please? ['kən ju 'hälp mi plihs]
Ich möchte …	I'd like … [aid'laik]
Das gefällt mir (nicht).	I (don't) like it. [ai (dəunt) laik_it]
Haben Sie …?	Have you got …? ['həw ju got]
Wieviel kostet es?	How much is it? ['hau'matsch is it]
Wieviel Uhr ist es?	What time is it? [wot 'taim is it]

KENNENLERNEN

Guten Morgen!	Good morning! [gud 'mohning]
Guten Tag!	Good afternoon! [gud ahftə'nuhn]
Guten Abend!	Good evening! [gud 'ihwning]
Hallo! Grüß dich!	Hello! [hə'ləu]/Hi! [hai]
Mein Name ist …	My name is … [mai näims …]
Wie ist Ihr/Dein Name?	What's your name? [wots joh 'näim]
Wie geht es Ihnen/dir?	How are you? [hau 'ah ju]
Danke. Und Ihnen/dir?	Fine thanks. And you? ['fain θänks, ənd 'ju]
Auf Wiedersehen!	Goodbye!/Bye-bye! [gud'bai/bai'bai]
Tschüs!	See you!/Bye! [sih ju/bai]
Bis bald!	See you soon! [sih ju 'suhn]
Bis morgen!	See you tomorrow! [sih ju tə'mərəu]

UNTERWEGS

Auskunft

links/rechts	left [läft]/right [rait]
geradeaus	straight on [sträit 'on]
nah/weit	near [niə]/far [fah]
Bitte, wo ist …?	Excuse me, where's …, please? [iks'kjuhs 'mih 'weəs … plihs]
Hauptbahnhof	main station ['mäin 'stäischn]
Bushaltestelle	bus stop ['bas 'stop]
Flughafen	airport ['eəpoht]
Wie weit ist das?	How far is it? ['hau 'fahr_is_it]
Ich möchte … mieten.	I'd like to hire … [aid'laik tə 'haiə]
… ein Auto	… a car [ə 'kah]
… ein Fahrrad	… a bike [ə 'baik]
… ein Motorboot	… a motorboat [ə 'məutəbəut]

Panne

Ich habe eine Panne.	My car's broken down. [mai 'kahs 'brəukn 'daun]
Würden Sie mir bitte einen Abschleppwagen schicken?	Would you send a breakdown truck, please? ['wud ju sänd ə bräikdaun trak plihs]
Gibt es hier in der Nähe eine Werkstatt?	Is there a garage nearby? ['is θeə_ə 'gärahdsch 'niərbai]

Tankstelle

Wo ist die nächste Tankstelle?	Where's the nearest petrol station? ['weəs θə 'niərist 'pätrəlstäischn]
Ich möchte … Liter …	… litres of … ['lihtəs əw]
… Normalbenzin.	… three-star, ['θrihstah]
… Super.	… four-star, ['fohstah]
… Diesel.	… diesel, ['dihsl]
… bleifrei/verbleit.	… unleaded/leaded, please. [an'lädid/'lädid plihs]
Volltanken, bitte.	Full, please. ['ful plihs]

Unfall

Hilfe!	Help! [hälp]
Achtung!	Attention! [ə'tänschn]
Vorsicht!	Look out! ['luk 'aut]
Rufen Sie bitte …	Please call … ['plihs 'kohl]
… einen Krankenwagen.	… an ambulance. [ən 'ämbjuləns]
… die Polizei.	… the police. [θə pə'lihs]
… die Feuerwehr.	… the fire-brigade. [θə 'faiəbri‚gäid]
Es war meine Schuld.	It was my fault. [it wəs 'mai 'fohlt]
Es war Ihre Schuld.	It was your fault. [it wəs 'joh 'fohlt]
Geben Sie mir bitte Ihren Namen und Ihre Anschrift.	Please give me your name and address! [plihs giw mi joh 'näim ənd ə'dräs]

SPRACHFÜHRER ENGLISCH

ESSEN/UNTERHALTUNG

Wo gibt es hier ...
   ... ein gutes Restaurant?
   ... ein typisches Restaurant?

Gibt es hier eine gemütliche Kneipe?
Reservieren Sie uns bitte für heute abend einen Tisch für 3 Personen.
Auf Ihr Wohl!
Bezahlen, bitte.

Haben Sie einen Veranstaltungskalender?

Is there ... here? ['is θeǝr ... 'hiǝ]
   ... a good restaurant [ǝ 'gud 'rästǝrohng]
   ... a restaurant with local specialities
     [ǝ 'rästǝrohng wiθ 'lǝukl ˌspäschi'älitis]

Is there a nice pub here?
['is θeǝr_ǝ nais 'pab hiǝ]
Would you reserve us a table for three for this evening, please? ['wud ju ri'söhw ǝs ǝ 'täibl fǝ 'θrih fǝ θis 'ihwning plihs]
Cheers! [tschiǝs]
Could I have the bill, please?
['kud ai häw θǝ 'bil plihs]

Have you got a diary of events?
[hǝw ju got_ǝ 'daiǝri_ǝw i'wänts]

EINKAUFEN

Wo finde ich ...?

  Apotheke
  Bäckerei
  Fotoartikel

  Kaufhaus
  Lebensmittelgeschäft
  Markt

Where can I find ...?
['weǝ 'kǝn_ai 'faind ...]
  chemist's [kämists]
  baker's [bäikǝs]
  photographic materials
  [ˌfǝutǝ'gräfik mǝ'tiǝriǝls]
  department store [di'pahtmǝnt stoh]
  food store ['fuhd stoh]
  market ['mahkit]

ÜBERNACHTUNG

Können Sie mir bitte ... empfehlen?
  ... ein Hotel
  ... eine Pension
Ich habe bei Ihnen ein Zimmer reserviert.
Haben Sie noch ...
  ... ein Einzelzimmer
  ... ein Doppelzimmer
  ... mit Dusche/Bad?

  ... für eine Nacht?
  ... für eine Woche?
Was kostet das Zimmer mit ...
  ... Frühstück?
  ... Halbpension?
  ... Vollpension?

Can you recommend ..., please?
[kǝn ju ˌräkǝ'mänd ... plihs]
  ... a hotel [ǝ hǝu'täl]
  ... a guest-house [ǝ 'gästhaus]
I've reserved a room.
[aiw ri'söhwd_ǝ 'ruhm]
Have you got ... [hǝw ju got]
  ... a single room [ǝ 'singl ruhm]
  ... a double room [ǝ 'dabl ruhm]
  ... with a shower/bath?
    [wiθ ǝ 'schauǝ/'bahθ]
  ... for one night? [fǝ wan 'nait]
  ... for a week? [fǝ ǝ 'wihk]
How much is the room with ...
['hau 'matsch is θǝ ruhm wiθ ...]
  ... breakfast? ['bräkfǝst]
  ... half board? ['hahf'bohd]
  ... full board? ['ful'bohd]

PRAKTISCHE INFORMATIONEN

Arzt

Können Sie mir einen guten Arzt empfehlen?

Can you recommend a good doctor? [kən ju ˌräkə'mänd ə gud 'doktə]

Ich habe hier Schmerzen.

I've got pain here. [aiw got päin 'hiθ]

Bank

Wo ist hier bitte ...

Where's the nearest ... [weəs θə 'niərist]

... eine Bank?
... eine Wechselstube?

... bank? [bänk]
... exchange-office? [iks'tschäinsch_ofis]

Ich möchte ... DM (Schilling, Schweizer Franken) wechseln.

I'd like to change ... Marks (Austrian shillings, Swiss francs). [aid laik tə tschäinsch ... 'mahks ('ostriən 'schillings/ 'swis 'fränks)]

Post

Was kostet ...
... ein Brief ...
... eine Postkarte ...
... nach Deutschland?

How much is ... ['hau 'matsch is]
... a letter ... [ə 'lätə]
... a postcard ... [ə pəustkahd]
... to Germany? [tə 'dschöhməni]

Zahlen

0	zero, nought [siərəu, noht]	19	nineteen [ˌnain'tihn]
1	one [wan]	20	twenty ['twänti]
2	two [tuh]	21	twenty-one [ˌtwänti'wan]
3	three [θrih]	30	thirty ['θöhti]
4	four [foh]	40	forty ['fohti]
5	five [faiw]	50	fifty ['fifti]
6	six [siks]	60	sixty ['siksti]
7	seven ['säwn]	70	seventy ['säwnti]
8	eight [äit]	80	eighty ['äiti]
9	nine [nain]	90	ninety ['nainti]
10	ten [tän]	100	a (one) hundred ['ə (wan) 'handrəd]
11	eleven [i'läwn]	1000	a (one) thousand ['ə (wan) 'θausənd]
12	twelve [twälw]	10000	ten thousand ['tän 'θausənd]
13	thirteen [θöh'tihn]	1/2	a half [ə 'hahf]
14	fourteen [ˌfoh'tihn]	1/4	a (one) quarter ['ə (wan) 'kwohtə]
15	fifteen [ˌfif'tihn]		
16	sixteen [ˌsiks'tihn]		
17	seventeen [ˌsäwn'tihn]		
18	eighteen [ˌäi'tihn]		

SPRACHFÜHRER ENGLISCH

Menu
Speisekarte

BREAKFAST	**FRÜHSTÜCK**

coffee (with cream/milk) ['kofi (wiθ 'krihm/'milk)]
decaffeinated coffee [di'käfin,äitid 'kofi]
hot chocolate ['hot 'tschoklit]
tea (with milk/lemon) [tih (wiθ 'milk/'lämen)]
scrambled eggs ['skrämbld 'ägs]
poached eggs ['pəutscht 'ägs]
bacon and eggs ['bäikn ən 'ägs]
fried eggs ['fraid 'ägs]
hard-boiled/soft-boiled eggs ['hahdboild/'softboild ägs]
(cheese/mushroom) omelette [(tschihs/'maschrum/tə'mahtəu)'omlit]
bread/rolls/toast [bräd/rəuls/təust]
butter ['batə]
honey ['hani]
jam/marmelade [dschäm/'mahməläid]
muffin ['məfin]
yoghurt ['jogət]
fruit ['fruht]

Kaffee (mit Sahne/Milch)

koffeinfreier Kaffee

heiße Schokolade
Tee (mit Milch/Zitrone)

Rühreier
verlorene Eier
Eier mit Speck
Spiegeleier
harte/weiche Eier

(Käse-/Champignon-)Omelett

Brot/Brötchen/Toast
Butter
Honig
Marmelade/Orangen-
marmelade
Küchlein
Joghurt
Obst

HORS D'ŒUVRES/SOUPS	**VORSPEISEN/SUPPEN**

ham [häm]
onion rings ['ənjən rings]
shrimp/prawn cocktail ['schrimp/'prohn 'koktäil]
smoked salmon ['sməukt 'sämən]
seafood salat [sifuhd säləd]
clear soup/consommé [kliə suhp/kən'somäi]
cream of chicken soup [krihm əw 'tschikin suhp]
oxtail soup ['okstäil suhp]
cream of tomato soup [krihm əw tə'mahtəu suhp]
vegetable soup ['wädschtəbl suhp]

Schinken
fritierte Zwiebelringe
Garnelen-/Krabbencocktail

Räucherlachs

Meeresfrüchtesalat
Fleischbrühe

Hühnercremesuppe

Ochsenschwanzsuppe
Tomatencremesuppe

Gemüsesuppe

FISH/SEAFOOD — FISCH/MEERESFRÜCHTE

cod [kod]	Kabeljau
crab [kräb]	Krebs
eel [ihl]	Aal
haddock ['hädək]	Schellfisch
herring ['häring]	Hering
lobster ['lobstə]	Hummer
mussels ['masls]	Muscheln
oysters ['oistəs]	Austern
perch [pöhtsch]	Barsch
plaice [pläis]	Scholle
salmon ['sämən]	Lachs
sole [səul]	Seezunge
squid [skwid]	Tintenfisch
trout [traut]	Forelle
tuna ['tjuhnə]	Thunfisch

MEAT AND POULTRY — FLEISCH UND GEFLÜGEL

barbequed spare ribs ['bahbəkjuhd 'speə ribs]	gegrillte Schweinerippchen
beef [bihf]	Rindfleisch
chicken ['tschikin]	Hähnchen
chop/cutlet [tschop/'katlit]	Kotelett
fillet (steak) ['filit (stäik)]	Filet(steak)
duck(ling) ['dak(ling)]	(junge) Ente
gammon ['gämən]	Schinkensteak
gravy ['gräivi]	Fleischsoße
ham [häm]	Schinken
hamburger ['hämböhgə]	Hamburger
kidneys ['kidnis]	Nieren
lamb (with mint sauce) [läm (wiθ 'mint 'sohs)]	Lamm (mit einer sauren Minzsoße)
liver (and onions) ['liwə(r ən 'anjəns)]	Leber (mit Zwiebeln)
minced beef ['minst 'bihf]	Hackfleisch vom Rind
mutton ['matn]	Hammelfleisch
pork [pohk]	Schweinefleisch
rabbit ['räbit]	Kaninchen
rissoles ['risəuls]	Frikadellen
rump steak ['ramp stäik]	Rumpsteak
sausages ['sosidschis]	Würstchen
sirloin steak ['söhloin stäik]	Lendenstück vom Rind
T-bone steak ['tihbəun stäik]	Rindersteak mit T-förmigem Knochen
turkey ['töhki]	Truthahn
veal [wihl]	Kalbfleisch
venison ['wänisn]	Reh oder Hirsch

SPRACHFÜHRER ENGLISCH

VEGETABLES AND SALAD — GEMÜSE UND SALAT

baked beans ['bäikt 'bihns]	gebackene weiße Bohnen in Tomatensoße
baked potatoes [bäikt pə'täitəus]	gebackene Pellkartoffeln
beetroot ['bihtruht]	Rote Bete
cabbage ['käbidsch]	Kohl
carrots ['kärəts]	Karotten
cauliflower ['koliflauə]	Blumenkohl
chef's salad ['schefs 'säləd]	Salat mit Schinkenstreifen, Tomaten, Käsestreifen, Oliven
chips/French fries [tschips/fränsch 'frais]	Pommes frites
corn-on-the-cob ['kohn_on θə 'kob]	Maiskolben
cucumber ['kjuhkamba]	Gurke
fritters/hash browns ['fritəs/'häsch bräuns]	Bratkartoffeln
leek ['lihk]	Lauch
lentils ['läntils]	Linsen
lettuce ['letis]	Kopfsalat
mashed potatoes [mäscht pə'täitəus]	Kartoffelbrei
mushrooms ['maschrums]	Pilze
onions ['anjəns]	Zwiebeln
peas ['pihs]	Erbsen
peppers ['päpəs]	Paprika
pumpkin ['pampkin]	Kürbis
spinach ['spinidsch]	Spinat
sweetcorn ['swihtkohn]	Mais
tomatoes [tə'mahtəus]	Tomaten
turnips ['təhnips]	Rüben

DESSERT AND CHEESE — NACHSPEISEN UND KÄSE

apple pie ['äpl 'pai]	gedeckter Apfelkuchen
brownie ['bräuni]	Schokoladenplätzchen
Cheddar ['tschädə]	kräftiger Käse
Cottage cheese ['kotidsch 'tschihs]	Hüttenkäse
cream [krihm]	Sahne
custard ['kastəd]	Vanillesoße
fruit cake ['fruht käik]	Kuchen mit viel Korinthen, Rosinen usw.
fruit salad [fruht 'säləd]	Obstsalat
goat's cheese ['gəuts ,tschihs]	Ziegenkäse
ice-cream ['ais'krihm]	Eiscreme
pancakes ['pänkäiks]	Pfannkuchen
pastries ['päistris]	Gebäck
rice pudding ['rais 'puding]	Reisbrei
stewed fruit ['stjuhd 'fruht]	Kompott

FRUIT / OBST

apples ['äpls]	Äpfel
apricots ['äiprikots]	Aprikosen
blackberries ['bläkbris]	Brombeeren
cherries ['tschäris]	Kirschen
dates [däits]	Datteln
figs [figs]	Feigen
gooseberries ['gusbəris]	Stachelbeeren
grapes [gräips]	Weintrauben
lemon ['lämən]	Zitrone
melon ['mälən]	Melone
oranges ['orindschis]	Orangen
peaches ['pihtschis]	Pfirsiche
pears [pɛəs]	Birnen
pineapple ['pain,äpl]	Ananas
plums [plams]	Pflaumen
rhubarb ['ruhbahb]	Rhabarber
strawberries ['strohbris]	Erdbeeren

Beverages
Getränkekarte

ALCOHOLIC DRINKS / ALKOHOLISCHE GETRÄNKE

beer [biə]	Bier
brandy ['brändi]	Schnaps
champagne [schäm'pain]	Champagner
cider ['saidə]	Apfelwein
cognac ['konjäk]	Kognac
red/white wine [räd/wait wain]	Rot-/Weißwein
dry/sweet [drai/swiht]	trocken/lieblich
sparkling wine ['spahkling wain]	Sekt
table wine ['täibl wain]	Tafelwein

SOFT DRINKS / ALKOHOLFREIE GETRÄNKE

alcohol-free beer ['älkəhol,frih 'biə]	alkoholfreies Bier
fruit juice ['fruht dschuhs]	Fruchtsaft
lemonade [,lämə'näid]	Limonade
milk ['milk]	Milch
mineral water ['minrl ,wohtə]	Mineralwasser
root beer ['rut ,biə]	süße, dunkle Limonade
soda water ['səudə ,wohtə]	Selterswasser
tomato juice [tə'mahtəu dschuhs]	Tomatensaft

Reiseatlas Malta

Die Seiteneinteilung für den Reiseatlas finden Sie auf dem hinteren Umschlag dieses Reiseführers

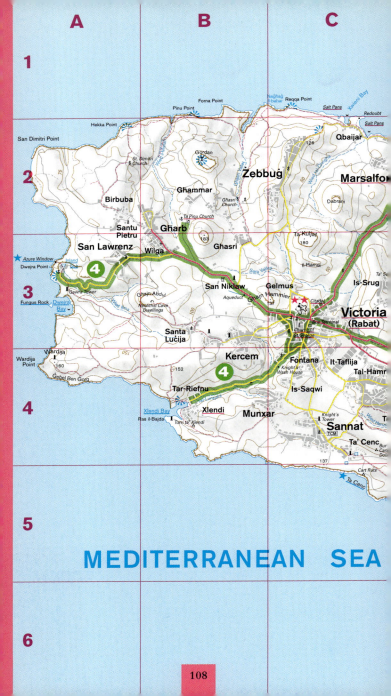

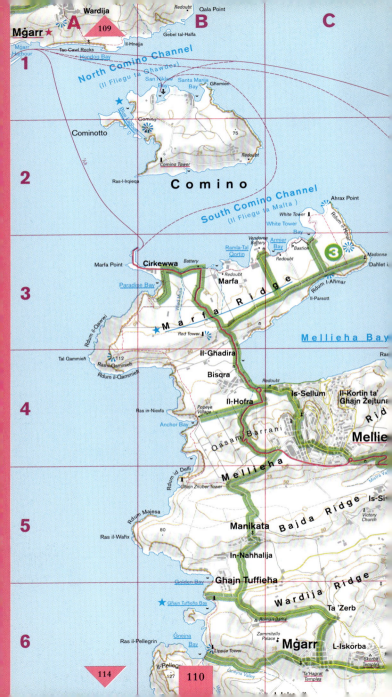

LEGENDE REISEATLAS

Verkehrswege
Zweibahnige Straße (vierspurig)
Hauptstraße
Nebenstraße · Sonstige Straße
Straßen in Bau und in Planung
Fahrweg · Fußweg
Wanderweg (Auswahl)
Straßentunnel · Straßenbrücke
Autofähre
Schiffahrtslinie (Auswahl)

Touristische Hinweise
Nationalpark · Naturpark
Naturschutzgebiet · Sperrgebiet
Saisonal trockenes Gewässer
Höhenlinie
Böschung, Steilküste
Rundblick · Schöner Ausblick

Kultur
Malerisches Ortsbild
Eine Reise wert
Lohnt einen Umweg
Sehenswert

Landschaft
Eine Reise wert
Lohnt einen Umweg
Sehenswert

Badestrand, Schwimmbad · Denkmal
Golfplatz · Jachthafen
Kirche · Kapelle
Schloß, Fort, Burg · Kloster
Turm · Leuchtturm
Windmühle · Höhle
Bedeutendes Bauwerk · Areal
Festungswall
Ausgrabungs- u. Ruinenstätte
Sonstiges landschaftliches Objekt
Hotel, Gasthaus

Verkehrsflughafen · Flugplatz
Geschäftsstelle des Automobilclubs

Verwaltung
Staatsgrenze · Hauptstadt

VALLETTA

2 km

REGISTER

In diesem Register finden Sie alle Orte und Sehenswürdigkeiten, halbfette Ziffern verweisen auf Hauptnennungen, kursive Ziffern auf Abbildungen.

Archäologisches Museum, Gozo 86
Archäologisches Nationalmuseum 41
Argotti Botanical Gardens 35
Armier Bay 76
Attard 28, **70**
Auberge d'Allemagne 51
Auberge d'Angleterre et de Bavière 35, 51
Auberge d'Aragon 35
Auberge d'Auvergne et de Provence 51
Auberge de Castille **36**, 51
Auberge de France 51
Auberge d'Italie 36
Auberge de Portugal 51
Aquädukt, Gozo 85
Azure Window, Gozo 82
Bajda 73
Balluta 29
Balzan 29
Basilika von Ta' Pinu, Gozo 85
Birgu, siehe Vittoriosa
Birkirkara 29, 32
Birzebbuga 29, 53, **55**
Bischofspalast 51
Blaue Grotte 53, 55
Buskett Gardens 10, **70**
Bugibba 73, 74, 76
Bur Marrad 76
Casa Rocca Piccola 42
Clapham Junction 70
Cirkewwa 33, **36**
City Gate 33, **36**
Comino **76**, 95
Cominotto 76
Cospicua 29, 31, 33
Cotonera Lines 33
Delimara-Halbinsel 56
Dingli 29
Dingli Cliffs 15, **70**, 71
Dolmen 74
Dwejra Lake, Gozo 82
Fgura 29
Filfla 56
Fleur de Lys 27
Floriana 29, 32, 33, 35
Folklore Museum, Gozo 87
Fort St. Angelo 14, 50, 51
Fort St. Elmo 14, 34, **36**
Fort Ricasoli 33
Fungus Rock, Gozo 83
Gantja 7
Ggantija, Gozo 83
Għajn Tuffieħa Bay 76
Għajnsielem, Gozo 29
Għarb, Gozo 29, 82
Għar Dalam 56
Għar Hassan 53, **56**
Għar Lapsi 70
Għasri, Gozo 29
Għasri Valley, Gozo 89
Għaxaq 28
Gnejna Bay 77
Golden Bay *72*, 77, 79
Gozo 81–89, 93
Gozo Heritage, Gozo 87
Grand Harbour 14, 28, 31, 32, 33, 40, 49
Großmeisterpalast 28, 34, **36**
Guardamangia 29
Gzira 29, 96
Ħagar Qim 7, 53, **57, 58**
Ħal Ferħ 77
Hamrun 29, 32
Hastings Gardens 38

Hondoq Bay, Gozo 89
Höhle der Kalypso, Gozo 84
Howard Gardens 62
Hypogäum 7, **48**
Inquisitoren-Palast 71
Kalafrana 53
Kalkara 29, 33, 50
Katakomben von Rabat, Malta 8
Katharinenkirche von Zejtun, Malta 14
Kathedrale von Mdina 14
Kathedral-Museum, Mdina 68
Kathedral-Museum, Gozo 87
Kercem, Gozo 29
Kirkop 29
Kriegsmuseum 42
Lascaris War Rooms 38
Law Courts 38
Leon e Portugal 36
Lija 29
Long Bay 56
Lower Barracca Gardens 38
Luqa 29
Magherita Lines 33
Malta Experience 42
Malta George Cross 42
Manikata 29
Manoel-Theatre 38
Marfa Ridge 73
Marsalforn, Gozo 81, **84**, 89
Marsa 29, 31, 33
Marsascala 53, **54, 55**
Marsaxlokk 4, 29, *53*, **58, 59**
Marsaxlokk Bay 53, 55, 56
Mdina 8, 25, 28, 29, 60, 61, 62, **63–69**, 73, 92
Mellieħa 29, 73, **77**
Mellieħa Bay 15, **78**
Mgarr 78, 79
Mgarr, Gozo *80*, 81, **84**, 91, 95
Mgarr Ix-Xini, Gozo 89
Mnajdra 7, 53, **58, 59**
Mosta 28, **71**, 73
Mqabba 28, **59**
Munxar, Gozo 29
Nadur, Gozo 29
Nationalbibliothek 43
Nationalmuseum der Schönen Künste 43
Naturgeschichtliches Museum 69
Naturkundliches Museum, Gozo 87
Naxxar 29, 73
Opernhaus 38
Ordenshospital 33
Our Lady of Mount Carmel 38
Paceville 31, 47
Palast des Großmeisters 65
Paola 29, 32, 48
Paradise Bay 78
Popeye Village 78
Qala, Gozo 29, 84
Qawra 73, 74, 76
Qormi 29, 32
Qrendi 28
Rabat, Malta 11, *20*, 29, 62, 66, 67, 92
Rabat auf Gozo siehe Victoria
Ramla Bay, Gozo 16, **78**, 84, 89
Rinnella Movie Park 48
Römische Thermen 79
Römische Villa 66
Sacra Infermeria 38
Sacred Island, The 43
Safi 29

Saint Paul 73
Salina Bay 74
Salinen 74
Sa Maison 91
San Blas, Gozo 89
San Gwann 29
San Lawrenz, Gozo 25, 29, 51, 82
Sannat, Gozo 29
Santa Venera 71
Schleifkarren 9
Selmun Palace 79
Senglea 14, 29, 31, 32, 33, 40, **48, 49**
Siggiewi 29, 71
Sliema 29, 31, 33, 35, 47, **48**, 91, 92
Slugs Pool 56
Sta. Lucia 29
Sta Marija 77
St. Agatha's Katakomben **66**, 68
St. George's Bay 55
St. John's Co-Kathedrale 13, 17, 34, **39**
St. Julian's 29, 31, 33, 35, 47, 48, 91, 96
St. Katharina, Zejtun 59
St. Katharina, Zurrieq 59
St. Marija ta Grazzia 51
St. Peter's Pool 56
St. Peter und Paul-Kathedrale *12*, 64
St. Paul's 74
St. Paul's Bay 8, 29, 73, **74–76**, 92
St. Paul's Island 75
St. Paul's-Katakomben 67
St. Paul's Kathedrale, Valletta 40
St. Paul's Kirche, Rabat 68
St. Paul's Shipwrecked 40
St. Publius-Kirche 35
St. Thomas Bay 53
St. Thomas Tower 54
Ta 'Dbiegi, Gozo 25, 89
Ta' Pinu, Gozo **84**
Ta' Qali 25
Tarxien 7, *8*, 32, **49, 50**
Tempel von Ggantija, Gozo 81
The Sacred Island 43
Tritonenbrunnen 34, 35
Università 19, 63, 64, 66
Universität von Malta 18
Upper Barracca Gardens 40, 41
Verdala Palace 13, **71**
Victoria, Gozo 8, 28, 29, 81, 89
Victoria Lines 73, 79
Victoria/Rabat, Gozo *23*, 81, **85**
Vittoriosa 14, 15, 27, 29, 31, 32, 33, 40, **50, 51**
Waffenmuseum, Gozo 87
Wardija 73
Wied iz-Zurrieq 55, **59**
Wignacourt-Aquädukt 71
Xagħra, Gozo 29, 84, **86**
Xemxija 73, 76
Xewkija, Gozo 29, **86**
Xlendi, Gozo 81, **86**, 89
Xwieni Bay, Gozo 89
Zabbar 15, 29, 32, **51**
Zebbieħ 79
Zebbug, Gozo 13, 29
Zejtun 13, **59**
Zitadelle, Gozo 85
Zurrieq 29, **59**

119

Was bekomme ich für mein Geld?

 Für ein dreigängiges Abendmenü in einem guten Restaurant zahlt man etwa 6—9 Lm, für ein Fischgericht etwa 4—7 Lm. Eine gute Pizza bekommt man schon für 1,90 Lm. Eine Flasche einheimischen Wein erhält man im Restaurant für 2,50—4 Lm, im Laden schon ab 35 c. Eine Tasse Cappuccino kostet meist 30—40 c, ein halber Liter Bier 60—80 c.

Eine Postkarte in die deutschsprachigen Länder wird mit 16 c frankiert, ebenso ein Brief. Ein Telefongespräch nach Deutschland kostet tagsüber 40 c/Minute. Mietwagen sind in Malta preiswert. Pro Tag zahlt man für einen Kleinwagen je nach Saison etwa 6—10 Lm. 1 Liter Benzin kostet ca. 27 c. Organisierte Tagesausflüge sind ebenfalls preiswert. Ganztagestouren kosten inkl. Mittagessen 9—10 Lm, Halbtagestouren 3,75—5 Lm. Tagesausflüge nach Sizilien mit einem Taormina-Besuch werden schon ab 30 Lm angeboten, Helikopter-Rundflüge über Malta und Gozo für etwa 20 Lm.

Einwöchige Tauchkurse für Anfänger werden ab 100 Lm angeboten, Tauchgänge ab 8 Lm. Die Tagesmiete für ein Surfbrett beträgt etwa 5—7 Lm.

DM	Malta £	Malta £	DM
1	0,22	1	4,57
2	0,44	2	9,14
3	0,66	3	13,71
4	0,88	4	18,28
5	1,09	5	22,85
10	2,19	10	45,70
20	4,38	15	68,55
30	6,56	20	91,40
40	8,75	30	137,10
50	10,94	40	182,80
60	13,13	50	228,50
70	15,32	60	274,20
80	17,51	70	319,90
90	19,69	80	365,60
100	21,88	90	411,30
200	43,76	100	457,00
300	65,65	150	685,50
500	109,41	200	914,00
750	164,11	250	1.142,50
1.000	218,82	300	1.371,00

Bei Scheckzahlung/Automatenabhebung am Urlaubsort berechnet die Heimatbank die obenstehenden Kurse. Stand: April 1998

Damit macht Ihre nächste Reise mehr Freude:

Die neuen Marco Polo Sprachführer. Für viele Sprachen.

Sprechen und Verstehen ganz einfach. Mit Insider-Tips.

Das und vieles mehr finden Sie in den Marco Polo Sprachführern:
- Redewendungen für jede Situation
- Ausführliches Menü-Kapitel
- Bloß nicht!
- Reisen mit Kindern
- Die 1333 wichtigsten Wörter